Au retour de l'école...
La place des parents
dans l'apprentissage scolaire

D0910774

Du même auteur dans la même collection:

J'ai mal à l'école: troubles affectifs et difficultés scolaires

La Collection de l'Hôpital Sainte-Justine
pour les parents

Au retour de l'école

La place des parents dans l'apprentissage scolaire

Marie-Claude Béliveau

Éditions de l'Hôpital Sainte-Justine

Centre hospitalier universitaire mère-enfant

Catalogage avant publication de la Bibliothèque nationale du Canada

Béliveau, Marie-Claude, 1961-

    Au retour de l'école-- : la place des parents dans l'apprentissage scolaire

    Nouv. éd. rev. et augm.

    (La collection de l'Hôpital Sainte-Justine pour les parents)

    Comprend des réf. bibliogr.

    ISBN 2-922770-80-X

    1. Éducation - Participation des parents. 2. Devoirs à la maison. 3. Apprentissage. 4. Stratégies d'apprentissage. I. Hôpital Sainte-Justine. II. Titre. III. Collection: Collection de l'Hôpital Sainte-Justine pour les parents.

LB1048.5.B43 2004   372.13028'1   C2004-940699-X

Illustration de la couverture : Stéphane Jorisch

Infographie : Nicole Tétreault

Diffusion-Distribution au Québec : Prologue inc.
                         en France : CEDIF (diffusion) — Casteilla (distribution)
                         en Belgique et au Luxembourg : S.A. Vander
                         en Suisse : Servidis S.A.

Éditions de l'Hôpital Sainte-Justine (CHU mère-enfant)
3175, chemin de la Côte-Sainte-Catherine
Montréal (Québec) H3T 1C5
Téléphone: (514) 345-4671
Télécopieur: (514) 345-4631
www.hsj.qc.ca/editions

Dépôt légal : Bibliothèque nationale du Québec, 2004
                Bibliothèque nationale du Canada, 2004

Remerciements

▼

Je désire remercier Luc Bégin, responsable des Éditions de l'Hôpital Sainte-Justine, parce qu'il permet à des cliniciens de s'adresser directement aux parents par la voie du livre. Sans lui, cet ouvrage, dans sa première édition comme dans cette nouvelle, n'aurait tout simplement jamais vu le jour. Ses encouragements, sa patience, sa détermination et son professionnalisme m'ont amenée au terme de ce projet d'une nouvelle édition qui rejoindra, je l'espère, les parents des enfants qui vivent des difficultés à l'école.

Merci aussi à Germain Duclos qui m'a mise en piste sur le plan professionnel il y a une vingtaine d'années déjà et qui a généreusement accepté de commenter l'ouvrage et de le préfacer.

Merci à ma famille et à mes enfants qui m'ont encouragée, une fois encore, dans cette aventure. Merci aussi à mes collègues et amis qui, par leurs commentaires, m'ont aidée à poursuivre dans cette voie. Je veux finalement remercier tous les enfants que je côtoie quotidiennement, parce qu'ils prennent souvent le temps de m'expliquer comment ils font et pourquoi ils le font. Merci aussi à leurs parents qui, avec leurs questions toujours pertinentes, me poussent à continuer de chercher pour eux et avec eux des moyens qui ont pour but d'aider le plus d'enfants possible à s'engager plus activement dans leur vie scolaire.

TABLE DES MATIÈRES

▼

Préface

▼

Nombreux sont les parents qui s'interrogent sur les attitudes et les moyens à adopter pour bien accompagner leur enfant dans ses apprentissages scolaires. Ce livre, tout en faisant le point sur cette question, propose aux parents toute une série de pistes de réflexion et leur donne de très précieux conseils pratiques.

Marie-Claude Béliveau traduit dans ce livre une profonde connaissance du vécu quotidien des parents d'aujourd'hui. Grâce à une vaste expérience acquise auprès des jeunes en difficulté, elle propose une variété de stratégies et de moyens concrets facilement applicables en milieu familial. À ma connaissance, c'est le livre le plus complet qui s'offre aux parents qui veulent soutenir concrètement leur enfant dans sa vie scolaire. Il représente un bel équilibre entre théorie et pratique et réalise une rare synthèse de l'ensemble des connaissances théoriques et empiriques dans ce domaine.

Par son livre, l'auteur donne de l'espoir aux parents et leur procure le sentiment qu'ils ont le pouvoir d'aider leur enfant de manière efficace dans ses apprentissages scolaires. Ne l'ont-ils pas soutenu dans une multitude d'apprentissages avant l'entrée à l'école et n'ont-ils pas une place importante à prendre dans sa vie scolaire ? Cette place, ce n'est pas celle de l'enseignant ou de l'enseignante. Le rôle des parents, à la fois essentiel et complémentaire, consiste d'abord à veiller au respect des intérêts de l'enfant et de son rythme de développement.

Le jeu constitue la route royale des apprentissages. Grâce au jeu, l'enfant intègre dans le plaisir et à son rythme de nombreuses habiletés et connaissances ; il acquiert des stratégies cognitives pertinentes, il apprend à apprendre tout en évitant le stress de la performance. Le présent ouvrage accorde une large place aux activités ludiques, l'auteur favorisant les rapports de plaisir et de complicité entre le parent et l'enfant. Il ne faut pas oublier que le plaisir vécu au cours des apprentissages scolaires contribue largement à prévenir l'abandon scolaire.

Germain Duclos

INTRODUCTION

▼

Chaque parent doit confier, un jour ou l'autre, son enfant à l'école. S'il veut que celui-ci s'engage pleinement dans ce nouveau milieu, il doit le faire avec la plus grande confiance possible. Il permet ainsi à l'enfant de trouver à l'école la réponse à différents besoins intellectuels, affectifs et sociaux, d'y vivre des expériences enrichissantes et de s'attacher aux autres enfants et aux adultes qui y travaillent. C'est, à notre avis, la première condition pour que l'enfant s'épanouisse à l'école.

Le parent a une place à prendre dans cette nouvelle étape de la vie de l'enfant. La transition de la période préscolaire à la période scolaire se vit différemment d'une famille à l'autre. Elle est souvent influencée par la valeur accordée à l'école au sein de chaque famille. Quoi qu'il en soit, les parents doivent accepter de déléguer une partie de leur autorité à ce nouveau milieu. Mais comment faire confiance? Quelle place prendre dans la vie scolaire de son enfant? Comment l'aider ou, surtout, ne pas lui nuire? Comment s'engager «autour» du sac d'école sans se retrouver pris «dans» le sac, condamné à devoir user de son autorité pour que se terminent enfin les fameux travaux scolaires?

À un moment ou à un autre, la vie scolaire de l'enfant peut devenir un élément déclencheur de tensions et parfois même de conflits au sein de la famille. Trouver sa juste place comme parent accompagnateur dans la vie scolaire de l'enfant n'est souvent pas chose facile. Plus que la quantité, c'est surtout la qualité de sa présence qui permet ou favorise l'envie d'apprendre, facteur déterminant de la réussite scolaire.

De nombreux parents déplorent les conflits engendrés par les travaux scolaires alors qu'ils font tout, pensent-ils, pour aider l'enfant. Ils en font justement un peu trop parfois. Ils risquent ainsi d'étouffer l'enfant et d'empêcher l'émergence de l'autonomie essentielle à son développement. Il est pourtant possible d'accompagner l'enfant dans son parcours scolaire sans se retrouver au cœur d'un champ de bataille, là où les parents baissent souvent les bras et empruntent la seule issue possible pour retrouver la paix : donner la réponse à l'enfant.

Amener l'enfant à se prendre en main dans et autour de ses travaux scolaires demande un investissement de temps et une remise en question importante de notre approche éducative ; toutefois, l'expérience montre que cette voie est beaucoup plus profitable à long terme pour tout le monde. Le retour de l'école devient alors plus agréable puisque moins conflictuel, et les apprentissages ainsi libérés des jeux de pouvoir peuvent redevenir une source de satisfaction réelle pour l'enfant comme pour ses parents.

Ce livre a pour objectif de donner aux parents des moyens pour aider l'enfant à s'engager activement dans sa vie scolaire, entre autres au moment des devoirs et des leçons ; en d'autres mots, il s'agit d'encourager son autonomie et son sens des responsabilités. Faire « autrement » plutôt que faire « plus », voilà une façon différente de concevoir le rôle que les parents peuvent exercer. En intégrant le plus spontanément possible les apprentissages scolaires à la vie de tous les jours, les parents aident leur enfant à y trouver un sens, une utilité et même du plaisir.

La notion d'apprentissage doit être comprise ici dans son sens large, c'est-à-dire dans le domaine des « savoir-être » (les attitudes), des « savoir-faire » (les habiletés) et des « savoir » proprement dits (les connaissances). Nous tenterons donc d'outiller les parents pour faire face à leurs nouvelles tâches de guides dans l'acquisition de ces savoirs. Pour devenir des accompagnateurs compétents, il est essentiel que les parents soient autre chose que des enseignants substituts à la maison. Ce rôle de substitut, en effet, n'entraîne en général que des grincements de dents d'un côté comme de l'autre. Nous suggérons donc aux parents de multiples moyens pour entretenir chez l'enfant le plaisir d'apprendre, essence même du moteur de l'apprentissage.

En première partie de ce livre, nous discuterons d'abord du climat affectif que les parents doivent tenter d'établir autour des études de l'enfant afin de l'aider à s'engager activement à l'école. Ensuite, nous traiterons des processus d'apprentissage et de la contribution que les parents peuvent apporter en vue de les améliorer, de les consolider et, par conséquent, d'aider l'enfant à apprendre. Dans la seconde partie, nous proposerons des moyens concrets pour aider les parents à mettre en pratique les principes de base énoncés dans la première partie. Il s'agira donc de moyens pour que les parents développent des attitudes et des stratégies favorisant l'apprentissage et pour que l'enfant puisse parfaire ses habiletés et ses connaissances autant lors des devoirs et des leçons qu'au cours des activités quotidiennes. Cette approche a pour avantage de consolider les notions apprises, d'une façon différente, parfois ludique, et surtout de les rendre signifiantes dans un contexte qui dépasse le cadre purement scolaire.

Bien que de nombreux moyens soient proposés, nous cherchons surtout à donner aux parents certaines bases qui les aideront à se trouver une place confortable dans la démarche d'apprentissage de l'enfant. Ainsi, il ne s'agit pas de demander aux parents de mettre en pratique tous ces moyens. Nous avons voulu leur offrir un vaste choix afin qu'ils puissent, selon leurs désirs, y puiser ceux qui répondent à leurs besoins et à ceux de leur enfant. Les moyens sont surtout proposés à titre d'exemples et de pistes de réflexion; ils devraient aider les parents à trouver leurs propres méthodes davantage axées sur les besoins et les intérêts particuliers de l'écolier et de la famille.

Dans cette nouvelle édition, en plus de nouvelles sections portant notamment sur la discipline et les habiletés d'attention, les parents trouveront des moyens pour intervenir auprès des enfants qui présentent des difficultés d'apprentissage. Ceux-ci s'ajoutent aux moyens suggérés dans les deux premières parties, qui seront utiles s'ils sont employés judicieusement et de façon complémentaire aux processus d'intervention qui doivent être mis en place dans ces situations.

Il est à noter, enfin, que les moyens proposés dans la première partie de ce livre s'adressent directement aux parents alors que ceux suggérés dans la deuxième partie concernent l'enfant lui-même. Il appartiendra bien sûr aux parents de lui proposer ces derniers moyens au fil du temps. Pour faciliter la tâche du lecteur, nous le référons régulièrement, au cours de la première partie, à des moyens concrets expliqués dans la deuxième partie afin qu'il puisse bien voir de quelle façon les principes de base énoncés peuvent être mis en pratique au quotidien.

ATTENTION :

La lecture attentive de la première partie de ce livre est essentielle à la compréhension des principes généraux qui sous-tendent les moyens proposés dans la seconde partie. Les activités et stratégies suggérées ne pourront être bénéfiques à l'enfant que si la philosophie de base sous-jacente à cette démarche, celle de «faire autrement» plutôt «qu'un peu plus», est respectée. Ces moyens ne doivent donc pas être utilisés dans le but d'en faire plus avec l'enfant; l'intervention parentale doit, en effet, se limiter à proposer des moyens supplémentaires aux enfants afin qu'ils puissent devenir de plus en plus autonomes et responsables face à leur scolarité, notamment au cours de la période des devoirs et des leçons.

PREMIÈRE PARTIE

PARENT D'ÉCOLIER : UN RÔLE À REDÉFINIR

Depuis la naissance de leur enfant, les parents ont été, dans la plupart des cas, ses principaux pourvoyeurs de soins et d'affection. Ils ont ainsi contribué à la mise en place des bases de sa personnalité sur lesquelles s'édifieront des structures de plus en plus complexes, nécessaires à l'autonomie affective, intellectuelle et sociale de l'adulte en devenir.

L'entrée à l'école représente souvent une première véritable séparation pour l'enfant comme pour les parents. Le choc inhérent à la transition entre la maison et l'école est habituellement moins grand lorsque l'enfant a déjà fréquenté un milieu de garde ou lorsqu'il a été confié quelques heures par semaine à une tierce personne, une gardienne par exemple, les parents devant retourner sur le marché du travail. Au moment de l'entrée à l'école, comme lors de tout changement de milieu, le parent doit « autoriser » son enfant à s'y attacher, à s'y trouver bien et à s'y épanouir par de multiples expériences et relations de différentes natures, les unes étant positives et les autres pouvant l'être moins, ces dernières n'étant pas nécessairement moins constructives.

En entrant à l'école, l'enfant doit s'adapter à un nouveau milieu de vie qui ne deviendra agréable et significatif à ses yeux que dans la mesure où il pourra y vivre des expériences positives. Les parents ont un grand rôle à jouer pour l'aider à assimiler ce qu'il reçoit de ce milieu extérieur — le bon comme le moins bon — et à en retirer tout ce qui pourra lui être utile dans l'avenir. Ce rôle est différent de celui qu'ils ont tenu jusqu'ici et les parents doivent l'exercer en gardant une certaine distance par rapport à la vie scolaire de l'enfant. C'est ce que nous appelons se tenir «autour» et non «dans» le sac d'école. Ils doivent adopter une mentalité différente et prendre la place qui leur revient dans l'apprentissage scolaire sans se substituer à l'enseignant.

Cette façon de concevoir ce rôle parental se résume à maintenir une position d'équilibre entre le «ni trop près» et le «ni trop loin». En effet, nous savons que trop exiger d'un enfant équivaut à le négliger. S'il faut demeurer attentifs au développement de l'enfant, il importe aussi de s'en détacher un peu, c'est-à-dire de ne pas être constamment dans ses affaires ou, pire encore, «à sa place». L'enfant doit vivre ses propres expériences à l'école tout en bénéficiant du soutien parental. Les parents doivent miser sur le potentiel d'adaptation de l'enfant, faire confiance au milieu extérieur, continuer à veiller sur l'enfant, mais en lui offrant, en plus, un terrain propice à l'apprentissage et en l'accompagnant dans sa démarche pour l'aider à apprendre.

Dans cette première partie, nous verrons comment les parents peuvent mettre en place des conditions favorables à l'engagement de l'enfant à l'école. Outre le climat qu'ils chercheront à faire régner autour des études de l'enfant, ils apprendront à intervenir auprès de lui pour que ses moyens d'apprendre deviennent efficaces. De là, le développement d'une plus grande autonomie, d'un sentiment de compétence toujours plus solide et, éventuellement, d'un plaisir parfois partagé autour de l'assimilation des connaissances.

CHAPITRE **1**

ÉTABLIR UN CLIMAT PROPICE

▼

Le rôle fondamental des parents en ce qui a trait à la vie scolaire de leur enfant consiste à mettre en place des conditions favorables à l'investissement dans le quotidien des connaissances acquises à l'école. La qualité de cet investissement dépend du désir d'apprendre de l'enfant. Il faut se rappeler à ce sujet que la soif de connaître et de découvrir que chaque enfant possède à la naissance s'effrite parfois au cours des années en raison de multiples facteurs*.

En effet, une grande importance doit être accordée aux aspects affectifs qui peuvent freiner ou encourager la démarche de l'élève, l'amener vers l'échec ou la réussite. Par aspects affectifs, nous entendons toutes les habiletés relationnelles et les attitudes face à la tâche qui s'acquièrent au quotidien, notamment lors des devoirs et des leçons. Le climat affectif qui se tisse autour du vécu scolaire influence directement la possibilité qu'a l'enfant de s'épanouir à l'école.

---

* Voir également à ce sujet un deuxième ouvrage du même auteur paru dans la même collection : *J'ai mal à l'école : troubles affectifs et difficultés scolaires.* L'ouvrage traite des facteurs affectifs qui peuvent nuire à l'apprentissage scolaire.

ncipes de base peuvent aider à améliorer l'enga-
ssement scolaire et le plaisir d'apprendre de
les seuls véritables moteurs de l'apprentissage,
us déterminent les attitudes que l'enfant développera
face à ses travaux scolaires et à l'école en général. Avant de les
regarder un à un, on doit souligner que leur implantation ne
peut que favoriser l'autonomie de l'enfant qui devient d'autant
plus importante qu'il est clairement établi que l'abandon
scolaire est lié à la dépendance qu'un écolier développe face à
un tiers pour apprendre. En effet, cet enfant reculera facilement
devant de nouveaux défis, n'apprendra pas à planifier ni à
s'organiser par lui-même et abandonnera rapidement face à
une tâche qui lui demande un certain effort. Attribuant ses
échecs à ce qu'il croit être une absence de talent, il finira par se
convaincre de son incompétence. Cette dévalorisation entraînera
des conduites d'évitement et, par voie de conséquence, un plus
grand risque d'abandon scolaire à l'adolescence. Voyons donc
maintenant ces principes de base.

Permettre à l'enfant de s'engager pleinement dans sa vie scolaire

La réussite scolaire n'est possible que si les parents
permettent à l'enfant de s'intégrer à l'école comme en un
milieu significatif autre que la famille et de s'y attacher. Bien
que cette « permission » puisse paraître banale ou aller de soi,
elle n'est pas chose facile pour plusieurs parents, car elle
dépend souvent de leurs propres perceptions et expériences
face au nouveau milieu et, notamment, face à l'école. En ce
sens, plusieurs réactions de parents face à la vie scolaire de
leur enfant trouvent leur signification dans leur propre histoire. Le parent peut répéter, sans en avoir conscience, ce qu'il
a lui-même vécu ou, encore, vouloir l'éviter à tout prix en tentant

de contrôler tout ce qui se passe autour de l'enfant. Il marque ainsi son manque de confiance envers ce milieu auquel il confie l'enfant et parfois envers l'enfant lui-même. Tout parent qui n'a pas trouvé dans ses études une source de gratification et d'épanouissement personnel risque donc d'avoir du mal à laisser son enfant accéder à l'école. La porte de l'école peut demeurer fermée aux yeux de l'enfant faute de « permission » parentale authentique et de confiance.

Le vécu émotif du parent face à ses propres études ainsi que ses craintes et ses ambivalences concernant la séparation provoquée par l'entrée à l'école peuvent être transmis à l'enfant sans que celui-ci en ait conscience. Ainsi, bien au-delà des mots et de l'obligation de scolariser l'enfant, il faut trouver des moyens pour l'« autoriser » à s'intégrer à un autre milieu que la maison, même s'il ne sera jamais le milieu idéal souhaité pour l'enfant. Cet idéal est d'autant plus grand lorsque l'enfant est élevé dans un milieu où il est roi et maître. La culture de l'enfant roi, de l'enfant auquel on veut éviter toute souffrance, se traduit dans la vie de tous les jours par la quête incessante de la première place qui, selon la perception de l'enfant, lui serait due mais que l'école ne peut lui reconnaître.

En ce sens, le choc de l'entrée à l'école peut être d'autant plus grand si les parents ont toujours conféré une place de petit roi à leur enfant, une place à l'abri des frustrations de la vie et, du même coup, un véritable sentiment de toute-puissance. L'entrée à l'école de l'enfant roi sera pour lui une expérience de confrontation. Il aura besoin du soutien réel de ses parents pour accepter d'y faire face et pour renoncer à la place unique qu'il occupait au sein de sa famille. Par ailleurs, il arrive souvent, dans ce type de famille, que les parents aient eux-mêmes du mal à accepter de voir leur enfant traité de la même façon que les autres. Ils peuvent même éprouver de la difficulté à le soutenir dans cette expérience souvent très frustrante et avoir l'impression que l'enfant n'est pas reconnu à sa juste valeur, que les autres enfants peuvent l'influencer négativement, que les enseignants ne savent pas s'y prendre avec lui, que l'administration ne se préoccupe pas des choses essentielles, etc. Bref, tout le système scolaire est alors perçu comme n'étant pas suffisamment bon pour leur enfant et ce dernier le ressent comme tel. En adoptant cette attitude face à l'école, les parents ne peuvent que compliquer l'intégration de l'enfant et voir surgir les problèmes qu'ils craignent tant. Ils se donnent ainsi raison de ne pas faire confiance au milieu scolaire et se dessine un cercle vicieux duquel il est difficile de sortir.

Même s'ils se gardent de dévaloriser ouvertement l'école devant l'enfant, certains gestes ou attitudes des parents peuvent facilement trahir leur perception et laisser l'enfant devant un double message plus perturbant que la réalité elle-même, si difficile soit-elle. Ainsi, ce positionnement face à l'école n'amène rien de bon à l'enfant ni à sa famille. Une attitude d'ouverture, de tolérance et de confiance est nécessaire pour aider l'enfant à mieux vivre ce passage dans le «grand monde».

Il est possible d'élargir nos perceptions, de s'ouvrir à l'école et de comprendre que, malgré les limites de celle-ci, l'enfant peut y poursuivre son développement. De toute façon, il n'a pas d'autre choix que d'y faire face un jour ou l'autre. Aider l'enfant à acquérir de plus en plus d'autonomie avec le plus de confiance possible envers le monde extérieur est l'un des plus grands services que les parents peuvent lui rendre. Faute de pouvoir offrir la première place à chaque enfant, il est possible de donner à chacun une place qui lui est propre, en le reconnaissant comme un être unique, ayant ses forces et ses limites et en perpétuel processus dynamique d'adaptation à son environnement.

Dans cette perspective, la maison n'est plus considérée comme le seul endroit où l'enfant peut vivre des expériences enrichissantes. Elle peut même être incapable de répondre à certains besoins de l'enfant qui, dans ce cas, ne perçoit plus la famille comme la seule ressource valable. Par contre, l'enfant roi, qui obtient constamment satisfaction à la maison, trouvera toujours le milieu extérieur frustrant. Il n'apprendra pas à gérer les frustrations inhérentes à la vie en société, puisqu'il y aura toujours quelqu'un derrière lui qui annulera l'expérience qui aurait pu être enrichissante.

Il est important de ne pas chercher à répondre à tous les désirs et besoins de l'enfant et, surtout, de ne pas les devancer en les devinant avant même qu'ils aient été exprimés ou même ressentis par l'enfant. Il est parfois préférable de ne pas répondre tout de suite à la demande afin que l'enfant devienne actif, recherche des solutions et développe sa capacité d'attendre. Devant la frustration, l'enfant peut vouloir chercher satisfaction ailleurs ou autrement qu'en se fiant à ses parents. La recherche de solutions est en elle-même une expérience nécessaire au développement de l'autonomie. L'enfant se permettra de s'attacher à l'école et aux personnes qui y sont présentes dans la mesure où il prendra conscience que ce milieu peut lui apporter quelque chose qu'il ne trouve pas ailleurs.

Il peut arriver, cependant, que les parents ne soient pas d'accord avec le type de punition que leur enfant reçoit à l'école ou, parfois même, avec le fait qu'il ait été puni pour un acte dont il n'est pas responsable. Dans de tels cas, ils doivent faire la part des choses. À moins que l'enfant n'ait été injustement puni ou que la punition se soit avérée humiliante ou exagérée, ils doivent soutenir l'enfant dans les conséquences qu'il a à assumer. Si l'enfant lui-même ne veut pas assumer la punition ou être reconnu « coupable », le parent peut l'encourager à discuter avec son enseignant*. Dans un second temps, un parent peut intervenir s'il le juge nécessaire, par exemple lorsqu'il considère que la punition choisie par l'enseignant est inappropriée (copier une centaine de fois une phrase moralisatrice, par exemple), mais encourager quand même l'enfant à la subir parce qu'il a fait quelque chose de répréhensible. Le parent peut aussi s'opposer à la punition s'il juge qu'elle peut causer plus de tort que de bien à son enfant. On pense, par exemple, au fait de demander à un enfant qui a un trouble d'apprentissage de copier cent fois cette même phrase moralisatrice ; malheureusement, cette pratique a encore cours dans certains établissements qui croient à la portée de ce type de punition sans toutefois en mesurer les conséquences, notamment chez les élèves en difficulté d'apprentissage.

La tolérance envers l'imperfection de tout système s'acquiert aussi en essayant de voir les deux côtés de la médaille. Pour ce faire, il est indispensable de rechercher les aspects positifs partout où l'on constate les limites du milieu et des gens que l'enfant côtoie. Il faut en tenir compte lors de situations problématiques. Les parents doivent aussi éviter de généraliser ou de dramatiser lorsqu'ils sont en colère ou inquiets. Ils doivent prendre le temps de réfléchir et de relativiser les faits avant d'agir, et passer à l'action lorsque c'est nécessaire. En effet, leur rôle est aussi de protéger l'enfant contre les aberrations qu'ils observent.

---

* Le terme *conséquence* est utilisé ici pour désigner une situation qui découle naturellement d'un geste fait, alors que celui de *punition*, entendu dans son sens traditionnel, fait référence à une conséquence imposée par l'adulte qui a autorité sur l'enfant, sans qu'il y ait de lien entre l'acte qui amène la réprimande et la punition choisie. La *conséquence* peut être positive ou négative. Elle peut prendre la forme, par exemple, d'un manque de confiance de l'adulte envers l'enfant après que ce dernier a menti. Elle peut aussi vouloir dire de laisser moins de temps pour une activité plaisante s'il a mis trop de temps à s'acquitter de ses tâches scolaires.

Aller chercher des alliés pour discuter, faire la part des choses et intervenir au besoin peut faciliter les rapports des parents avec l'école. Rien n'étant parfait, il est rassurant de penser que les limites d'un milieu comme l'école peuvent être comblées par un autre milieu, la maison par exemple, l'important étant de travailler en complémentarité plutôt qu'en rivalité pour le plus grand bien de l'enfant. S'il ne sert à rien de dépoussiérer nos propres colères et frustrations envers l'école de notre enfance, le fait de les reconnaître peut permettre de ne pas les projeter sur l'enfant.

L'enfant doit apprendre à reconnaître que le bon et le moins bon cohabitent en toutes choses. Il importe donc de l'aider à voir et à accepter les forces et les faiblesses de toute personne, de toute situation ou de tout milieu ; cela lui permet d'apprendre à ne pas se dévaloriser en bloc face à une difficulté et à nuancer ainsi ses jugements envers lui-même, les autres ou un milieu de vie (école, maison). Il doit apprendre à relativiser les faits pour mieux tolérer la frustration et même l'utiliser comme levier pour s'améliorer. C'est ainsi qu'on apprend à se dépasser et à mettre en œuvre des stratégies qui nous aident à faire face aux situations difficiles inhérentes à la vie.

SITUATIONS PROBLÉMATIQUES POSSIBLES

Dans la vie de tous les jours, un enfant qui n'a pas la « permission » de s'intégrer pleinement à l'école peut avoir du mal à établir des relations significatives avec ses enseignants et parfois même avec ses pairs. Il peut se retrouver en conflit réel de loyauté envers ses parents s'il ressent leurs craintes de le voir entrer à l'école. Lorsque ceux-ci ont une piètre opinion de l'école elle-même, de

(...)

(...)

l'établissement choisi pour l'enfant ou de l'enseignant, le conflit ne peut qu'être plus important. L'enfant peut ainsi trouver fort peu d'intérêt à l'enseignement qu'il reçoit et se retrouver en état d'attente et dans un rapport très superficiel avec l'école. Il la subit et fait généralement le travail demandé, mais sans mettre à profit toutes ses capacités d'apprentissage et, plus grave encore, sans plaisir. Dans de telles conditions, l'enfant finit par accumuler des retards scolaires qui lui confirment à lui et à sa famille que ce milieu extérieur ne peut rien lui apporter de bon et qu'il est inutile d'y mettre de l'énergie. De là une vie d'écolier qui aurait pu être satisfaisante, mais qui ne sera finalement qu'un long et mauvais moment à passer.

Comment prévenir ces situations ?

• Faire, en tant que parent, un examen de conscience le plus honnête possible face à ses perceptions de l'école en général, de la valeur qu'on lui accorde, des points forts et des écueils de sa propre histoire scolaire.

• Discuter avec d'autres adultes (conjoint, autres parents, tierce personne) des perceptions de chacun par rapport à l'école, puis le faire avec l'enfant, et évaluer les aspects positifs et négatifs qui se dégagent de ces discussions.

• En cas de mésentente entre les parents eux-mêmes en ce qui a trait aux valeurs éducatives, tenter de trouver des compromis satisfaisants pour harmoniser le plus possible les demandes qui seront faites à l'enfant, les moyens utilisés pour intervenir et les attentes qu'on a face à lui.

- Évaluer les deux côtés de la médaille et se les rappeler dans les moments difficiles où l'on aurait tendance à accuser l'école.

- Tenter le plus possible d'inscrire l'enfant dans un milieu qui correspond le mieux à sa personnalité ainsi qu'aux attentes et valeurs de la famille (ex. : école de quartier, école privée, école alternative).

- S'intéresser à la vie scolaire de l'enfant, mais sans l'envahir, sans exercer un contrôle excessif et sans imposer ses façons de faire.

- Insister pour que l'enfant s'applique à son travail et en soit fier. Ne pas passer sous silence un devoir bâclé s'il est clair que l'enfant peut faire mieux ; par contre, souligner son manque d'effort en se limitant à le prévenir des conséquences qu'il devra assumer à l'école. Relever aussi un travail bien fait afin que l'enfant sente qu'on est fier de lui quand il se donne la peine de bien accomplir ses tâches scolaires.

- Reconnaître le rôle de l'école en y référant l'enfant lorsqu'elle peut répondre aux questions qu'il se pose ou aux problématiques qu'il y vit.

- L'encourager à trouver des solutions à différentes problématiques et à les mettre lui-même en application.

- Laisser l'enfant vivre ses expériences à l'école tout en demeurant à l'écoute de ce qu'il y vit. N'intervenir qu'au besoin.

- Discuter avec l'enfant de ses projets à court, moyen et long terme afin de donner du sens à ses nouveaux apprentissages, sur le plan de leur utilité et du plaisir qu'il en retire.

Faire confiance au milieu scolaire

Pour permettre à l'enfant de s'intégrer positivement à l'école, le parent doit être capable d'accepter de déléguer son autorité à une tierce personne, l'enseignant. Pour ce faire, il doit croire que l'école, indépendamment des problèmes rencontrés au quotidien, offre suffisamment de côtés positifs pour nourrir son enfant, tant sur le plan affectif que social et pédagogique.

Ce transfert d'autorité est en général facilité par la prise de conscience de ses propres inquiétudes et ambivalences face au milieu scolaire. Lorsque tout paraît incertain ou inquiétant, il est avantageux de prendre le temps de reconnaître aussi ce qui va bien et ce qu'il y a de positif dans la vie scolaire. Cette attitude permet de relativiser les événements et d'éviter la dramatisation d'expériences qui peuvent s'avérer fort constructives pour l'enfant, même si elles sont difficiles. En ce sens, le parent peut penser ce qu'il veut, mais il doit éviter à tout prix de critiquer l'école ou l'enseignant devant l'enfant pour ne pas sabrer dans cette autorité et ainsi lui retirer la permission de s'attacher et de s'intégrer à un autre milieu que la maison.

Tout changement entraîne inévitablement de l'inquiétude. Ainsi, les semaines qui précèdent ou qui suivent l'entrée à l'école ou un changement d'école sont souvent chargées d'insécurité, tant pour l'enfant que pour ses parents. Ces émotions sont incontournables mais constructives, puisqu'elles contribuent au développement du sentiment de sécurité. Quand on réussit à faire suffisamment confiance à un autre milieu, on transmet à l'enfant le message qu'on croit en ses capacités d'aller chercher tout ce qu'il peut y avoir de positif et de faire face à ce qui l'est moins. On lui offre ainsi la possibilité de vivre des expériences enrichissantes.

Le parent inquiet a le devoir de prendre des moyens pour reconnaître ce qui engendre chez lui cette inquiétude et pour trouver des moyens d'y faire face. Ces émotions sont normales, mais pas nécessairement fondées sur la réalité que vit l'enfant. Il importe de ne pas transmettre à l'enfant ce manque de confiance s'il ne repose pas sur une réalité objective. Quand certains aspects de la vie quotidienne empêchent vraiment les parents de faire confiance au nouveau milieu, il leur incombe de trouver des moyens pour améliorer la situation.

Une fois de plus, la meilleure façon pour les parents de se rassurer lorsqu'il devient difficile de faire confiance, c'est de discuter avec l'enseignant, avec d'autres parents et parfois même avec l'enfant. Prendre le temps de le faire permet souvent de juger plus objectivement la situation, de prendre du recul et d'agir par la suite en meilleure connaissance de cause. Par exemple, lorsqu'une sortie est organisée par l'école et qu'on hésite à y laisser participer son enfant, il faut d'abord s'informer sur les activités qui sont proposées ainsi que sur l'encadrement et les mesures de sécurité prévues pour l'occasion. Le parent doit ensuite réfléchir aux conséquences reliées à la décision qu'il prendra. Priver l'enfant de cette sortie ou le laisser aller malgré de vives inquiétudes aura des répercussions avec lesquelles il faudra vivre par la suite. L'idée de faire confiance au milieu scolaire peut sembler aller de soi jusqu'à ce que de telles situations se présentent. De la même façon, le parent doit prêter une attention particulière à ses perceptions par rapport à l'enseignant en qui il a du mal à avoir confiance ; il lui faut dédramatiser le plus possible la réalité et choisir ensuite d'intervenir ou de ne pas intervenir en toute connaissance de cause. Les gestes et les attitudes des parents ont inévitablement des répercussions sur la vie scolaire de leur enfant.

Il est moins facile de faire confiance au milieu extérieur lorsque l'enfant vit des difficultés scolaires et que l'on doit s'en remettre à l'école pour l'aider à les surmonter. Là encore, il importe de se renseigner sur les mesures envisagées, les services rendus et le rôle que l'école demande aux parents d'assumer pour améliorer la condition de l'enfant. Les moyens proposés par les enseignants et les spécialistes de l'école devraient, en principe, être discutés et bien compris par les parents afin que s'installe un climat de collaboration et de confiance mutuelle. Cette complémentarité des rôles est bien plus efficace que l'opposition ou les divergences d'opinion persistantes. En effet, les parents qui ressentent de la méfiance à l'égard de l'école la transmettent malgré eux à l'enfant, ce qui bloque inévitablement le processus d'aide qui pourrait s'enclencher. Les intervenants scolaires sont en général des professionnels sur lesquels on peut compter. Dans le doute, il est toujours utile de consulter une tierce personne pour avoir l'heure juste et faciliter la mise en place de conditions adéquates.

SITUATIONS PROBLÉMATIQUES POSSIBLES

Le manque de confiance des parents envers le milieu scolaire provoque souvent chez l'enfant des difficultés d'intégration scolaire. Il peut en effet engendrer, chez certains enfants, des manifestations d'anxiété qui limitent la qualité de leur engagement dans la vie scolaire et souvent même leur capacité d'attention à l'école. S'ils portent sur leurs épaules les soucis de leurs parents, consciemment ou non, les enfants peuvent rester en marge de la classe, s'engager peu dans la vie de l'école et ne pas développer la confiance en soi nécessaire à l'adaptation scolaire et aux apprentissages. Dans de telles circonstances, l'enseignant risque de ne pas pouvoir jouer son rôle complètement, soit celui d'une personne-ressource essentielle à l'épanouissement de l'enfant à l'école. À l'extrême, le milieu scolaire peut même être perçu comme terrifiant et engendrer chez l'enfant suffisamment d'anxiété pour qu'il refuse ensuite d'aller à l'école.

Comment prévenir ces situations ?

- Discuter avec d'autres parents, avec le conjoint ou les intervenants scolaires au besoin afin de relativiser les craintes et les ambivalences décelées.

- Mentionner ses propres inquiétudes à l'enfant en utilisant le « je » et, ce faisant, faire état des personnes du milieu en qui il peut tout de même avoir confiance. Cela a pour objectif de contrer, au moins en partie, les effets de ces inquiétudes tant chez l'enfant que chez le parent.

- Raconter ses propres expériences comme celles d'un écolier qui a aussi vécu certaines peurs et décrire la façon dont on s'en est tiré ; l'objectif est de présenter des images rassurantes à l'enfant.

- Identifier les personnes du milieu qui sauront répondre aux questions et ne pas hésiter à les contacter au besoin.

- L'inconnu faisant généralement peur, se laisser du temps et suggérer à l'enfant d'en faire autant pour apprivoiser le nouveau milieu ou les nouvelles personnes qui ont à travailler auprès de lui. Par la suite, il pourra s'en faire une idée plus claire et sûrement plus rassurante. Le seul

(…)

(...)

fait d'avoir passé par ces émotions et de réussir malgré elles à s'adapter à son nouveau milieu procure à l'enfant un sentiment de sécurité et de confiance en soi. Il lui sera éventuellement de plus en plus facile d'affronter les nouvelles situations qui se présenteront dans sa vie. Ainsi, dans tout changement, le fait de se référer à des souvenirs où les craintes ont fait place à l'adaptation aide beaucoup.

- Tenter d'appuyer le plus possible les règlements établis par l'école et les conséquences reliées à leur non-respect. À moins d'un désaccord fondamental ou de la perception d'une injustice flagrante à l'égard de l'enfant (dont il faudra discuter avec les gens concernés), il est préférable que les parents aident l'enfant à assumer les conséquences de certains de ses gestes ou attitudes, plutôt que de chercher constamment à trop le protéger. L'enfant acquerra par le fait même un plus grand sens des responsabilités. En cas de divergence d'opinion, le parent pourrait se distancier du point de vue de l'enseignant en citant la personne qui impose la conséquence et en soutenant l'enfant qui doit assumer sa responsabilité, même si on n'est pas tout à fait d'accord avec la personne en question. L'école, c'est l'affaire de l'enfant, et non celle du parent! De toute façon, il est rassurant de se rappeler que les conséquences vécues à l'école ont souvent beaucoup plus d'impact que celles qui pourraient être imposées à la maison au regard de situations scolaires. Dans le même ordre d'idées, l'enfant qui a été puni à l'école ne doit pas être puni de surcroît à la maison pour le même comportement, à moins de circonstances extrêmes.

- Consulter des spécialistes si, malgré ces moyens mis en œuvre, certains points ne permettent pas d'accorder un minimum de confiance au milieu auquel l'enfant doit être confié. Ce type de problème est susceptible d'engendrer des difficultés d'adaptation à long terme.

- Faire confiance au potentiel d'adaptation de l'enfant peut aussi aider à mieux accepter les imperfections du milieu scolaire auquel on le confie.

Faire confiance au potentiel d'adaptation de l'enfant

En plus de faire confiance au milieu scolaire, les parents doivent faire confiance aux ressources étonnantes que l'enfant possède, très souvent grâce à l'éducation qu'ils lui ont donnée au cours de la période préscolaire. Il faut comprendre que la croissance est un processus dynamique et que les enfants continuent à évoluer et à développer leurs habiletés grâce aux nombreuses expériences quotidiennes qu'ils vivent. Faire confiance à l'enfant et à son potentiel est aussi l'un des plus grands services qu'on puisse lui rendre. Il faut non seulement lui faire confiance, mais aussi lui témoigner cette confiance. Lorsqu'il est inquiet, par exemple, on peut lui rappeler les bons coups qu'il a faits dans d'autres situations qui lui inspiraient de la crainte. Ceci s'applique aussi au parent inquiet qui aura avantage à se rappeler le dénouement de situations similaires.

La période préscolaire a permis de poser les bases du développement de la personne. On dit qu'à l'âge où l'enfant entre à l'école, il a déjà acquis la moitié de ses facultés mentales. Sur le plan affectif, il a déjà établi les bases de sa personnalité, avec lesquelles il peut faire face au milieu extérieur. Les expériences positives ont, comme les moins positives, leur rôle à jouer dans le développement des habiletés qui aideront l'enfant à affronter toutes les situations de la vie. Un enfant élevé en vase clos n'aura pas la chance d'acquérir ses propres moyens d'affronter la vie sociale.

Une fois l'autorité déléguée à l'école, il est important d'appuyer le plus possible les décisions qui y sont prises. En aidant l'enfant à faire face aux problématiques qu'il rencontre, on l'équipe pour le futur et on lui inculque notre confiance en ses capacités d'adaptation. S'il ne parvient pas à accomplir la tâche demandée par son enseignant en terme de devoirs et de leçons, il est utile de lui faire revoir ou redire dans sa tête ce qu'il retient de la leçon apprise dans la journée. Si, malgré cela, il n'y parvient pas, on doit l'encourager à retourner voir son enseignant pour demander plus d'explications (voir Des attitudes à privilégier, en page 119). Il vaut mieux que le parent aide l'enfant à utiliser ses propres ressources et celles offertes à l'école plutôt que de se substituer à l'enseignant en faisant de nouveau la leçon le soir à l'enfant, ce qui risque fort de créer des tensions et des conflits, puis d'accroître également, sans le vouloir consciemment, la dépendance de l'enfant à son égard. Plus l'enfant devient autonome, plus il acquiert du pouvoir sur sa vie ainsi que le sentiment de sa propre compétence.

Il est primordial de croire au potentiel d'adaptation de l'enfant. Cela contribue à la construction d'un sentiment de confiance chez lui, surtout s'il développe parallèlement son sentiment de compétence. Dans cette perspective, le choix des activités parascolaires devrait être fait en fonction de ces besoins et être orienté vers des loisirs qu'il a des chances de réussir facilement.

SITUATIONS PROBLÉMATIQUES POSSIBLES

En tentant de contrôler tout ce que vit l'enfant à l'extérieur de la maison, on lui signifie qu'on ne croit pas en ses capacités d'affronter la vie. Cet enfant demeure fort dépendant des parents, ne prend pas d'initiatives ni de risques et attend constamment la confirmation de sa propre valeur par l'entourage. À l'école, il ne peut recevoir cette constante confirmation et, puisqu'il n'a pas développé sa propre autocritique pour s'ajuster ou se confirmer lui-même, il piétine, attend et manque d'assurance. Il peut aussi se dévaloriser par un monologue intérieur qui soulève constamment des doutes ou des questions auxquelles il ne peut répondre seul. Une fois de plus, cet enfant développe des problèmes d'attention qui n'ont rien à voir avec le déficit de l'attention dont l'étiologie est neurologique, mais qui ont nécessairement des répercussions sur ses apprentissages et qui contribuent à diminuer encore plus sa confiance en lui dont il a tant besoin, tant dans ses relations personnelles que sur le plan pédagogique.

Comment prévenir ces situations?

- Discuter avec d'autres personnes (conjoint, parents, intervenants scolaires) de vos perceptions de l'enfant en prenant soin de reconnaître autant ses forces que

(...)

(...)

ses faiblesses. En discuter également avec l'enfant, car cela lui permet de reconnaître ses capacités d'adaptation tant dans des situations faciles que problématiques. Recourir aux souvenirs de succès aide l'enfant à se faire plus facilement confiance.

- Dire à l'enfant qu'on a confiance en lui et lui expliquer pourquoi.

- Déterminer avec lui les ressources qui lui seront utiles en cas de besoin et discuter des moyens qu'il peut prendre seul pour y avoir accès.

- Revenir sur une situation anticipée avec crainte, discuter de la valeur des moyens utilisés et en vérifier les résultats.

- Faire exprimer par l'enfant le sentiment de fierté ressenti après qu'il a pris une initiative dont il ne se croyait pas capable au départ.

- Se répéter que l'enfant a généralement ce qu'il faut pour faire face aux nombreuses situations qui se présentent à lui. Se rappeler également que d'autres adultes ou même des enfants sont là pour l'aider. Même les expériences négatives lui servent à construire les outils dont il aura besoin toute sa vie.

- Consulter un spécialiste si l'insécurité de l'enfant semble entraver son épanouissement.

Reconnaître les différences individuelles

L'école a rendu l'accès à la connaissance possible pour tous. Par contre, la rigidité du système d'éducation ne permet pas toujours que chacun s'y épanouisse avec ses caractéristiques personnelles uniques. Pour bien fonctionner à l'école, il faut pouvoir s'intégrer à un milieu extérieur, se détacher de la relation privilégiée vécue au sein de la famille, tolérer l'absence de ses parents, être capable d'autonomie, avoir développé une intelligence suffisante, avoir de bonnes capacités de concentration et d'écoute, avoir envie d'apprendre, etc. Bref, la liste est longue. Évidemment, tous les enfants de 6 ans ne possèdent pas toutes ces caractéristiques. En effet, chaque individu arrive à l'école avec sa propre histoire, son bagage génétique unique, ses habiletés propres, ses connaissances antérieures et est issu d'un environnement qui est différent de celui du voisin.

L'école exige généralement que tous fonctionnent à peu près au même rythme; sans quoi l'enseignement est ralenti à cause de un ou de deux élèves, ce que n'acceptent pas les parents de ceux qui avancent bien. La tâche de l'enseignant n'est pas facile s'il choisit de tenir compte des différences individuelles qu'il reconnaît chez ses élèves et de ne pas imposer le même moule et le même rythme à tous. Il en est de même de la tâche du parent qui doit accompagner son enfant au moment des devoirs et des leçons. S'il demande à l'enfant de correspondre à l'image qu'il se fait d'un enfant qui fait ses devoirs, il peut renoncer sans le vouloir à de longs moments de plaisir. On doit reconnaître à l'enfant son identité unique, avec ses rythmes et habiletés qui lui sont propres, et tenter de l'accompagner dans ses devoirs en s'adaptant à ses besoins. Pour ce faire, il faut apprendre à reconnaître ses forces et ses faiblesses et se donner des lignes de conduite individualisées adaptées à l'enfant. Il est possible d'épauler l'enfant dans ses devoirs en ayant du plaisir et en s'attribuant un rôle précis, aussi utile que celui de l'enseignant bien que différent.

De la même façon que les enfants n'ont pas tous appris à marcher à douze mois, tous ne sont pas nécessairement prêts à affronter l'école à 6 ans. Dans le même ordre d'idées, tous ne sont pas préparés pour faire une dictée au même moment ou ne désirent pas faire leurs devoirs à la même heure que leur frère ou leur sœur. On observe, entre les enfants de différentes familles ainsi qu'à l'intérieur d'une même fratrie, des différences importantes en termes de développement affectif, cognitif et social. Ces différences se répercutent sur la façon de réagir aux événements et sur le sens qu'ils donnent à différentes interventions. Il importe donc de tenter de reconnaître ces différences et de ne pas se laisser imposer les comparaisons qui sont inévitablement observées.

Les différences individuelles que l'on peut observer sur le plan affectif sont nombreuses et influencées par plusieurs facteurs. On parle de différences sur le plan de la maturité affective, des intérêts individuels, du degré de confiance que chacun a en soi et en ceux qui l'entourent, des capacités d'adaptation et de socialisation, de caractère, etc. D'autres différences relèvent du vécu familial et ont des répercussions sur le fonctionnement du jeune à la maison comme à l'école. Reconnaître qu'elles sont inhérentes à la personne humaine aide à les respecter ou, pour le moins, à les tolérer en évitant le jugement et la catégorisation.

Il est souvent très utile pour l'enfant d'entendre les observations que les parents font sur son comportement. Cette façon de faire permet de refléter à l'enfant, un peu à la manière d'un miroir, ses attitudes dans certaines situations. Elle perd cependant tout son sens si le jugement porté n'a aucune profondeur et n'est qu'une étiquette servant à qualifier un comportement à bannir. Par exemple, traiter de «paresseux» un enfant qui démissionne devant une difficulté ne lui apporte rien; au contraire, cette étiquette lui renvoie une image négative de lui-même sans l'aider à identifier le comportement ainsi jugé. Par contre, elle a l'effet de lui confirmer la profonde déception qu'il suscite chez ses parents, ce qui en général ne fait qu'aggraver le problème. En revanche, le fait de cibler de façon précise le comportement reproché en l'isolant de la personne elle-même — qui n'a pas perdu toute sa valeur pour autant — ne peut qu'aider l'enfant à prendre conscience de certains mécanismes qui lui sont propres et sur lesquels il peut agir. Il sera en mesure ultérieurement de reconnaître ce comportement dans des situations analogues et souhaitera peut-être l'améliorer.

SITUATIONS PROBLÉMATIQUES POSSIBLES

L'enfant est souvent très sévère envers lui-même. Avant même que les adultes le comparent à ses frères et sœurs ou à ses compagnons de classe, l'écolier a déjà fait lui-même cet exercice. Une fois de plus, le rôle des parents est de l'aider à se connaître et à reconnaître ses propres compétences, puisqu'il peut avoir tendance à se dévaloriser facilement en se comparant constamment aux plus performants, sans voir que ceux-ci ont aussi des limites dans d'autres domaines.

Les enfants ont grand besoin que leur soit reconnue leur identité propre. Il n'est donc pas rare d'observer, à l'intérieur d'une même fratrie, la manifestation d'intérêts pour des champs d'activités complètement différents de la part de deux enfants qui ont une petite différence d'âge.

(...)

(...)

En effet, on voit souvent un second de famille s'engager à fond dans les sports aux dépens de ses études si le premier se montre très compétent au plan scolaire. Dans un domaine où le premier a déjà gagné, il peut être plus difficile pour le second de s'engager à fond et avec confiance parce que même le défi de devenir aussi compétent ne lui permet pas de se démarquer. Il est donc important que chaque enfant d'une même fratrie puisse développer un champ de compétence propre qui lui sera reconnu à part entière.

Sur le plan scolaire, il importe de faire ressortir les forces de chacun dans des domaines très précis. Il vaut mieux éviter de les comparer sur les mêmes points et essayer plutôt de reconnaître à chacun ses forces et ses faiblesses. De plus, les enfants cherchent à être reconnus pour ce qu'ils sont avant de l'être pour ce qu'ils font. Un enfant qui se sent continuellement comparé établit inconsciemment une série de manœuvres souvent oppositionnelles dans le seul but d'être reconnu comme personne unique, de se faire remarquer comme être valable, loin de l'ombre faite par l'autre.

Comment prévenir ces situations ?

- Observer et nommer les forces et les faiblesses de tous les membres de la famille, y compris celles des parents. Faire participer l'enfant à ces « regards sur soi ».

- Éviter de porter un jugement global sur la personne à partir du seul comportement qu'on souhaiterait voir changer. Mentionner plutôt le comportement en indiquant les raisons qui le rendent inapproprié.

- Reconnaître les compétences propres à chaque enfant et en faire état dans des moments de découragement.

- Mettre en place des conditions pour favoriser le développement et la mise à profit des forces déjà présentes pour que se forment chez l'enfant de très solides compétences dans certains domaines. Le sentiment de compétence ainsi acquis aura des répercussions sur tout le développement de l'enfant, particulièrement s'il a pu développer une compétence «extrême» (entendons par là plus qu'une simple habileté) dans un champ d'intérêt particulier et différent de celui de ses frères et sœurs.

- Permettre que les différences individuelles s'expriment au quotidien dans l'organisation du travail et dans les façons de faire.

- Laisser l'enfant faire ses propres choix dans la mesure où cela est possible et lui reconnaître son mode de fonctionnement et ses intérêts propres.

- Se rappeler que le temps, la maturité et les expériences vécues au quotidien contribuent sans cesse au développement des différentes habiletés de l'enfant.

- En cas de doute quant aux limites observées chez l'enfant, en discuter avec l'enseignant afin d'objectiver les perceptions et d'intervenir au besoin. Consulter un spécialiste lorsque certains aspects du développement de l'enfant semblent vraiment inquiétants.

Entretenir le plaisir d'apprendre

Les parents doivent d'abord chercher à cerner correctement le profil unique de leur enfant face à l'école et, par la suite, favoriser l'établissement de conditions favorables au développement des deux facteurs déterminants de l'apprentissage que sont le vouloir et le pouvoir. La notion d'apprentissage peut se comparer à une voiture. L'intelligence (le pouvoir) serait le véhicule lui-même avec ses capacités personnelles, la motivation (le vouloir) serait le moteur et le plaisir, l'essence qui fait fonctionner le tout. Même un véhicule très performant ne peut fonctionner sans essence, mais l'essence ne suffit pas non plus à le faire démarrer s'il lui manque des pièces. Cette image veut notamment illustrer le fait que certains enfants n'ont pas acquis toutes les stratégies cognitives nécessaires à l'apprentissage. D'autres n'éprouvent aucun plaisir face au travail intellectuel ; et ce, souvent à cause d'un sentiment d'incompétence, mais aussi fréquemment pour des raisons d'ordre affectif beaucoup plus complexes et imbriquées dans les relations école-enfant-famille. Dans les deux cas, les conséquences sur la réussite scolaire sont fâcheuses, d'où l'importance de mettre en œuvre des moyens pour soutenir le plaisir d'apprendre et, surtout, pour ne pas lui nuire.

Nombreux sont les parents qui déplorent l'attitude de « moindre effort » de leur enfant face à ses devoirs. Lorsque l'intelligence de l'enfant est indiscutable, ils y voient de la paresse et un gaspillage de potentiel. Lorsque l'enfant éprouve certaines difficultés et qu'il adopte de plus cette attitude passive, on lui demande de travailler davantage. Or, cette perception des choses ne fait souvent que dresser un mur entre l'enfant et ses parents. Il s'agit bien souvent de difficultés passagères qui trouveront leur résolution avec le temps ou avec une approche différente du problème qui se pose. Il est toutefois fréquent d'observer que ce type de comportement, s'il persiste dans le temps, est le signe de difficultés plus importantes auxquelles il faut porter attention de façon plus particulière. Tout problème spécifique mérite en effet une réponse tout aussi spécifique. Dans de tels cas, les parents auront donc avantage à demander l'avis de l'enseignant ou de spécialistes lorsque cela devient nécessaire. La dernière partie de cet ouvrage donne des pistes aux parents de ces enfants qui vivent des difficultés particulières à l'école.

Il n'existe pas d'enfants paresseux. Il y a cependant d'énormes différences entre les tempéraments de chacun et d'innombrables circonstances qui influencent le niveau de fonctionnement de l'enfant aux différentes étapes de sa vie. Il importe de reconnaître ces différences et de les respecter. Il est également fondamental de comprendre que «tout est langage» (Françoise Dolto). Bien au-delà des mots, les attitudes et les comportements de l'enfant révèlent tout autant sa façon de vivre sa réalité. Or, une attitude passive devant les devoirs, l'absence d'intérêt, la crainte d'échouer ou, pire, la profonde conviction de ne jamais y arriver, expriment des malaises que l'on doit tenter de décoder pour mieux intervenir.

En général, tous les jeunes enfants ressentent du plaisir à apprendre. Mais il arrive que cela s'étiole au cours des ans, parfois parce qu'ils ont de réelles difficultés d'apprentissage, mais parfois aussi à cause d'attitudes parentales qui sont peu favorables au maintien du plaisir d'apprendre; soit que les parents ont constamment poussé l'enfant à en faire plus, soit qu'ils l'ont étouffé en voulant tout contrôler ou qu'ils ont trop souvent devancé ses désirs. Ainsi, en voulant apprendre à lire à l'enfant avant son entrée à l'école et avant même qu'il en ait manifesté le désir, on peut lui enlever tout plaisir dès le début de sa première année. Les parents peuvent répondre en partie aux demandes des enfants (apprendre à lire à 4 ans, par exemple), mais ils doivent prévoir que les mêmes apprentissages font l'objet du programme scolaire à 6 ans. Il peut arriver que cet apprentissage soit devancé de façon spontanée par le très jeune enfant lui-même et que le parent ne puisse pas freiner cet élan naturel. Dans une telle situation, le parent peut l'accompagner sans toutefois profiter de l'occasion pour faire un enseignement systématique de la lecture.

Dans tout apprentissage, les parents doivent soutenir l'émergence du désir et aider l'enfant à se trouver des moyens pour mener à bien ses projets et ce, dans des conditions où le plaisir est présent. Cette dernière condition est essentielle au bon déroulement de l'acquisition des connaissances. Trop de pression, de contrôle, de stress autour de la vie scolaire et des études de l'enfant peut nuire au plaisir d'apprendre et donc au cheminement scolaire en général. Ainsi, l'enfant qui apprend pour lui-même et non seulement pour satisfaire ses parents a plus de chances de goûter au plaisir lié au processus d'apprentissage. En effet, le rendement scolaire de l'enfant ne doit pas venir teinter la relation parent-enfant. Quand l'apprentissage prend une telle couleur relationnelle, il devient et demeure très sensible aux influences extérieures et reste donc moins solide, voire moins intégré. Dans de telles circonstances, même la relation de l'enfant avec l'enseignant peut devenir un paramètre trop important et déterminant de sa réussite scolaire*.

---

* Voir également à ce sujet le chapitre « Bye bye prof » dans *J'ai mal à l'école : troubles affectifs et difficultés scolaires*, du même auteur, paru dans la même collection.

SITUATIONS PROBLÉMATIQUES POSSIBLES

Plusieurs enfants ont perdu avec le temps le plaisir qu'ils possédaient naturellement d'apprendre de nouvelles choses. Bien que l'absence de plaisir face aux apprentissages scolaires soit directement observable, il est important de tenter d'en cerner les causes pour mettre en place des conditions propices à le raviver.

En général, il est très facile d'observer qu'un enfant n'a plus de plaisir à apprendre. Il s'ennuie à l'école, ne trouve rien d'intéressant, ne retient pas les connaissances qui y sont enseignées, fait le strict minimum et n'a très souvent rien à raconter de sa journée à l'école. Le plaisir d'apprendre peut avoir été altéré par de multiples facteurs. Pour toutes sortes de raisons, les tâches demandées peuvent être trop difficiles pour lui, le sens même de l'école peut n'avoir aucune valeur au sein de la famille, ou encore la réussite scolaire peut être la seule condition qui permettrait à l'enfant d'être reconnu à sa juste valeur. Cette dernière situation comporte un enjeu trop grand sur le plan relationnel pour que l'enfant puisse y trouver du plaisir. Une trop forte pression parentale peut, en effet, éliminer le plaisir d'apprendre, puisque l'idée transmise en est une de performance (sur le plan des résultats) plutôt que d'acquisition de connaissances utiles et essentielles à l'atteinte de l'autonomie et à la capacité d'assumer des responsabilités plus tard.

L'anxiété extrême que peut vivre l'enfant face à l'école engendre des problèmes d'attention et donc de mémorisation et de compréhension, ce qui ne règle rien. Une

(...)

(…)

trop forte pression de la part des parents peut engendrer une telle anxiété et, par la suite, des réactions d'opposition de plus en plus importantes. Ces réactions sont normales ; elles agissent, en effet, comme des moyens de défense dans des situations où l'enfant combat un profond sentiment d'incompétence, en refusant la cause du malaise (ex. : la tâche à accomplir) ou l'école elle-même et ce qu'elle représente et lui demande. Chaque enfant, rappelons-le, cherche d'abord à être reconnu pour ce qu'il est avant d'être reconnu pour ce qu'il fait.

Apprendre signifie aussi grandir et donc se séparer de ses parents, devenir autonome pour éventuellement quitter le giron familial et mener sa propre vie d'adulte. Cette chaîne d'événements peut aussi ternir le plaisir d'apprendre d'un enfant si celui-ci n'a pas encore la maturité affective pour désirer apprendre et devenir autonome. La peur de grandir de certains enfants peut donc influencer le plaisir d'apprendre.

Comment prévenir ces situations?

- Consacrer un temps raisonnable aux devoirs et aux leçons en respectant une juste distance (ni trop près, ni trop loin) ; cela veut dire se rendre disponible pour répondre à l'enfant en cas de besoin.
- Dédramatiser la situation par un humour respectueux, sans que l'enfant ne croit jamais qu'on se moque de lui.
- Être attentif à la tension qui monte afin de pouvoir se retirer avant l'éclatement du conflit.

- Promettre un temps de jeu après les devoirs. Certains projets et activités proposés au chapitre 4 (Apprendre, jouer, consolider, en page 129) se prêtent bien à cette période plus ludique au cours de laquelle l'enfant peut utiliser ses nouvelles connaissances et habiletés sous une forme différente mais tout aussi constructive.

- Avoir du plaisir à réfléchir avec l'enfant, à se poser des questions et à chercher avec lui des solutions originales.

- Après l'avoir aidé à réfléchir et à planifier son action, le laisser contrôler le plus possible sa façon de s'organiser et de faire les choses.

- Démontrer un intérêt réel pour certaines connaissances acquises à l'école.

- Pour éviter d'être trop près et de mettre trop de pression, il est important que les parents aient leurs propres activités et centres d'intérêt. Ainsi, ils ne pourront consacrer tout leur temps à la scolarité de l'enfant !

- Tenter de lier les tâches scolaires à la vie quotidienne (voir à ce sujet les activités proposées dans la dernière section de la deuxième partie de cet ouvrage : Des activités pour enrichir les apprentissages scolaires, en page 178) et d'aider l'enfant à se projeter dans l'avenir pour qu'il se donne des objectifs d'apprentissage à court, moyen et long terme.

Instaurer un cadre disciplinaire ferme et sécurisant

Il est important d'imposer une discipline de base aux enfants, et cela dès leur plus bas âge. Il s'agit de quelque chose d'essentiel si on veut leur permettre d'apprendre à l'école et de se « soumettre » aux règles qui font partie de la vie scolaire sans qu'ils les vivent comme des abus d'autorité dont il faut se défendre. Ces règles, lorsqu'elles sont claires, constantes et cohérentes, sont les balises ou le cadre à l'intérieur duquel l'enfant peut prendre des initiatives et s'affirmer.

La discipline fait partie du cadre institutionnel scolaire auquel l'enfant doit adhérer. Comme doivent le faire les parents à la maison, les enseignants doivent énoncer leurs exigences et dresser le cadre dans lequel l'enfant apprend. Toutefois, ils sont souvent dépassés par l'ampleur du cadre disciplinaire qu'ils doivent imposer pour que la classe fonctionne bien et puisse atteindre les objectifs prévus au programme. Plus souvent qu'autrement, ils se plaignent avec raison de devoir se transformer en « préfets de discipline », au détriment de nombreuses et précieuses heures d'enseignement.

Les limites qu'ils imposent, parce qu'elles ne proviennent pas des parents, sont plus difficiles à accepter pour l'enfant et parfois même pour ses parents. Cela s'avère d'autant plus ardu si les parents eux-mêmes n'ont pas fixé de limites à leur enfant au cours de la période préscolaire. Quoi qu'il en soit, les enseignants doivent établir les bases qui permettent que les apprentissages se fassent en toute sécurité.

Pour l'enfant, cela signifie se soumettre aux consignes et à des règles préétablies tant sociales qu'orthographiques, grammaticales et mathématiques. Cela ressemble beaucoup aux principes qui doivent guider l'imposition d'une discipline de base à la maison : des balises claires, un cadre dans lequel l'enfant peut évoluer « librement », avec le plus d'autonomie possible. Pour évoluer positivement dans un cadre scolaire, l'enfant doit absolument apprendre que sa liberté s'arrête là où celle de l'autre commence.

L'établissement de règles claires et constantes dans une maison est essentiel au bon développement de l'enfant qui les accepte mieux si on prend le temps de lui en expliquer les raisons d'être. En les maintenant avec fermeté lorsque l'enfant tente de mettre les convictions du parent à l'épreuve, on lui fournit un cadre sécurisant auquel il adhérera au fil du temps. Cela permet d'éviter de nombreux conflits quand vient le temps de se soumettre aux exigences imposées par d'autres, notamment par leurs enseignants, autour des devoirs et leçons à faire le soir à la maison.

À l'intérieur d'un tel cadre disciplinaire, l'enfant acquiert un sentiment de sécurité qui lui permet par la suite de prendre des risques ; comme celui de se tromper en essayant tout seul avant de demander de l'aide ou celui de demander des explications supplémentaires à son enseignant s'il n'a pas compris une notion, ou enfin celui de téléphoner à un ami quand il n'a pas noté clairement les devoirs à faire le soir à la maison.

En principe, l'enseignant considère l'enfant comme un être unique, différent des autres et, en ce sens, se montre généralement empathique à ce qu'il vit. Nous savons pourtant qu'il est difficile de maintenir ce genre d'attitudes avec certains enfants qui ont des difficultés. On peut rejeter l'enfant d'une manière ou d'une autre, que ce soit par manque de compréhension de ses vulnérabilités ou à cause d'un sentiment d'impuissance face à ses difficultés. Il peut arriver que, malgré toute la bonne volonté de l'enseignant, l'enfant qui manque de limites devienne si exaspérant en classe qu'il ne peut plus bénéficier d'une relation positive avec l'enseignant. Les parents subissent alors les conséquences de leur propre laisser-aller quand l'enfant, en bout de ligne, s'oppose systématiquement à tout ce qui lui est demandé à l'école par refus de se conformer à cet adulte-enseignant qui peut en arriver à le rejeter.

Les enfants hyperactifs sont souvent victimes de ces situations dont personne ne sort gagnant. Pour eux, l'établissement de règles simples et claires à la maison est d'autant plus important qu'elles déterminent leur capacité à s'engager à l'école malgré leur vulnérabilité. Dans le regard de l'enseignant, il existe une différence importante entre un enfant hyperactif qui fait des efforts pour contrôler son impulsivité et se conformer aux attentes des adultes et celui qui défie les règles systématiquement parce qu'il ne les tolère pas faute d'avoir eu à s'y conformer à la maison. Les parents de ce dernier ont beau accuser l'enseignant de mauvaise foi envers leur enfant qui se fait constamment réprimander, rien n'y fait parce que le moindre petit écart de conduite est remarqué, d'où un profond sentiment d'injustice qui se juxtapose chez l'enfant aux problèmes déjà existants. Chacun doit faire son examen de conscience pour découvrir et accepter sa part de responsabilité dans une pareille situation.

Sous prétexte d'éviter à leur enfant le « contrôle » qu'ils ont eux-mêmes subi étant enfants, certains parents oublient de se faire respecter et cèdent à ses moindres caprices. Après avoir dit non à un désir exprimé par leur enfant (ce qui est parfois loin d'être un besoin), ils reviennent sur leur décision, lui apprenant ainsi la force de son pouvoir de négociation dont il ne manquera plus de se servir. Personne ne pourra éviter délais et frustrations à cet enfant devenu roi. Les tolérer ne lui sera possible que s'il a la chance de s'exercer à le faire d'abord à la maison. Apprendre à l'enfant à respecter les règles établies, à tolérer la frustration, à accepter un délai dans la satisfaction de ses désirs, c'est aussi apprendre à établir et à maintenir ses propres limites comme parent. Il s'agit ici d'agir en accord avec soi-même et de s'octroyer le droit de dire non quand la conscience parentale le dicte.

Les parents enseignent ainsi aux enfants qu'ils ont eux aussi le droit et même le devoir de fixer leurs propres frontières et leurs limites à l'égard de leurs compagnons de classe ou de toute autre personne qui pourrait tenter de leur proposer ou de leur imposer de faire ce qu'ils ne veulent pas faire. L'enfant à qui on a su dire non peut ensuite en faire autant et, de ce fait, il sera mieux outillé pour faire ses propres choix tout en étant plus ouvert et respectueux à l'égard des décisions de ceux qui ont autorité sur lui, même si ce ne sont pas toujours celles qu'il souhaite.

La recrudescence des problèmes de comportement et de violence à l'école est en partie attribuable à l'un des facteurs qui est souvent à l'origine de plusieurs difficultés d'apprentissage, soit une pauvreté au plan des habiletés intellectuelles verbales. Les conséquences de ce type de déficit dépassent largement le cadre de l'apprentissage scolaire proprement dit parce qu'elles touchent l'accès au langage intérieur qui, limité chez plusieurs enfants, entrave le développement des capacités d'autorégulation de la pensée et de l'action. Malgré un potentiel intellectuel normal et même supérieur dans bien des cas, ces capacités sont déficitaires chez plusieurs enfants qui présentent des difficultés scolaires. Dans cette perspective, la discipline et la mise en place d'un cadre clair et sécurisant sont essentielles à ces enfants qui se parlent peu à l'intérieur d'eux-mêmes (langage intérieur) comme à ceux qui se débrouillent mieux à l'école.

SITUATIONS PROBLÉMATIQUES POSSIBLES

L'enfant, qui est hyperactif et qui n'a jamais eu de règles claires à la maison, a beaucoup de mal à tolérer le cadre imposé à l'école ainsi qu'à s'astreindre aux devoirs et leçons le soir à la maison. En effet, en raison de sa grande impulsivité et de son besoin constant de bouger, il fait régulièrement perdre patience à ses parents qui finissent par abdiquer en le laissant faire plutôt qu'en imposant des règles. Ainsi, à l'heure des repas, l'enfant mange ce qu'il veut, se lève à tout moment, ouvre le téléviseur et s'installe au salon jusqu'à ce qu'il réussisse même parfois à convaincre ses parents de transporter le téléviseur dans la cuisine !

La vie familiale devient de plus en plus difficile et assujettie aux désirs de cet enfant roi qui impose son propre régime à la famille toute entière. Ses parents perdent chaque jour un peu plus leurs qualités d'éducateurs auprès de leur enfant qui ne souffre plus seulement de ses problèmes d'hyperactivité à l'école mais aussi de troubles de la conduite pour lesquels les suspensions répétées n'ont plus d'effet. Il y a belle lurette que ce type de parents a lâché prise face aux devoirs et aux leçons demandés par l'école, si bien que le retard scolaire de l'enfant n'est qu'un symptôme de problèmes bien plus graves qui le mèneront fort possiblement au décrochage scolaire, voire à la délinquance.

Comment prévenir ces situations?

- Encourager l'enfant à participer à une activité parascolaire de son choix; il y constatera que les règles ne sont pas seulement une affaire d'école, mais que toute activité doit être régie par un minimum de règles.

- Imposer des règles et limites claires, cohérentes et constantes dès le plus jeune âge et s'assurer qu'elle sont respectées. Agir comme modèle ; on ne peut imposer des règles qu'on ne suit pas comme parent. Par exemple, on ne peut pas demander à un enfant de se laver les mains avant les repas si on se met à table sans en faire autant.

- Ne cibler et n'introduire que certaines règles à la fois (visant des comportements ou des attitudes à modifier) en prenant le temps d'en discuter d'abord avec l'enfant et de lui en expliquer les raisons d'être.

- Une fois les règles bien établies, en afficher la liste bien en vue dans la maison. Pour modifier certains comportements bien précis et afin de faire respecter certaines règles plus difficiles à intégrer que d'autres, utiliser le principe d'un contrat dans lequel sont stipulés très clairement et le plus concrètement possible les comportements attendus.

Cette entente écrite vise à modifier un comportement que l'enfant accepte d'améliorer après que le parent ait pris soin de lui en faire découvrir et de lui en démontrer les avantages. Elle doit être formulée avec l'aide du parent de façon à ce qu'elle soit claire et bien définie. De plus, le comportement ciblé doit être formulé en termes positifs, ce qui est toujours plus encourageant pour l'enfant. Par exemple, éviter

(…)

(...)

d'écrire: «Ne plus se lever pour rien» ou «Arrêter de bouger tout le temps», car cela introduit un critère subjectif quand il faut évaluer le «pour rien» et le «tout le temps». Formuler plutôt l'objectif en termes positifs et traduire en termes concrets où et comment ce comportement est observable à la maison, par exemple:

1) rester assis durant le repas: de l'entrée au dessert;
2) demander la permission de se lever au besoin;
3) demeurer assis durant toute la période des devoirs.

Pour un enfant hyperactif, on peut ajuster la règle en précisant la durée de ces périodes où l'enfant doit rester assis à sa table de travail (par exemple, des périodes de 15 minutes) suite auxquelles il peut se lever quelques minutes (à préciser) pour se dégourdir avant de se remettre à la tâche pour un autre bloc de 15 minutes. Il faut varier ces exigences en fonction de l'âge et des difficultés de l'enfant. L'important est de viser des objectifs réalistes qui peuvent être atteints par l'enfant, quitte à augmenter par la suite les exigences en fonction de ses capacités réelles.

• Prévoir des renforcements positifs. Dans certains cas, un renforcement peut être prévu dans le contrat afin d'encourager l'enfant; celui-ci devrait se traduire par des privilèges, relationnels si possible, plutôt que par des cadeaux. Par exemple, on peut proposer une sortie spéciale au cinéma ou au restaurant, un jeu à faire ensemble, une période de temps libre ou sur l'ordinateur, ou une balade à vélo parent-enfant ou avec un ami selon le désir de l'enfant. Pour encourager l'enfant et lui permettre d'observer les progrès qu'il accomplit dans l'atteinte de l'objectif qui mène au privilège promis, on peut prévoir l'accumulation de collants sur un tableau ou un calendrier prévu à cet effet. On peut aussi recourir à un dessin fait par l'enfant; celui-ci doit en colorier certaines parties, au fur et à mesure qu'il s'approche du délai prévu dans le maintien du comportement visé. Par exemple, il peut dessiner la sortie qu'il souhaite faire et en colorier une partie différente chaque soir lorsqu'il réussit à répondre aux critères prévus dans la définition du comportement ciblé. Plus l'enfant est jeune ou plus ses difficultés sont importantes, plus le renforcement doit être attribué rapidement. Plus il avance en âge, plus on peut différer le renforcement dans le temps, ce qui contribue aussi à augmenter sa capacité de délai. En général, ce genre de renforcement ou le besoin même du renforcement concret s'estompe de lui-même au fur et à mesure que l'enfant ressent les avantages de l'amélioration des comportements ciblés (moins de conflits, plus de temps pour jouer après les devoirs, meilleur rendement scolaire, etc.). Cela constitue finalement un renforcement naturel au nouveau comportement et à l'intégration des règles ainsi imposées

- Éviter de tomber dans le piège des renforcements négatifs en ne prêtant attention qu'aux manquements aux règles ou aux comportements inappropriés.

(...)

(…)

- Utiliser la technique de l'ignorance intentionnelle dans certaines situations pour éviter de toujours réagir aux comportements négatifs ; renforcer plutôt devant l'enfant les comportements appropriés adoptés par la fratrie pour signifier vos attentes à l'enfant sans constamment le reprendre directement.

- Soutenir l'enfant lorsqu'il risque de déraper, puis lui rappeler vos attentes par un signe clair mais discret. Par exemple, le simple fait de poser une main sur son épaule au moment où il devient agité peut lui rappeler qu'il doit reprendre son calme même si quelque chose l'énerve ou le stimule trop.

- Le retrait de privilèges doit rester une mesure éducative de rechange si les renforcements positifs ne fonctionnent pas comme on l'aurait souhaité ou si l'enfant adopte certains comportement inappropriés qui n'ont pas été ciblés dans le contrat en cours. Cette stratégie ne fonctionne que lorsqu'elle est utilisée avec des stratégies de renforcement positif.

- Le truc du « 1, 2, 3 » fonctionne généralement bien avec les enfants impulsifs qui oublient vite les règles auxquelles ils doivent se soumettre ou avec les enfants opposants qui ont du mal à contrôler leurs comportements. En signifiant à l'enfant à l'avance, à un moment où tout se passe bien, qu'en cas de non-respect des consignes ou des règles de la maison, on

comptera jusqu'à 3 avant de lui donner une conséquence, on lui donne la chance de se reprendre
avant d'en arriver là. Cette façon de faire permet
d'éviter cris et chicanes que tout le monde regrette
une fois la tempête passée. Bien expliquer le code à
l'enfant :

le 1 signifie : je t'avertis,

le 2 signifie : tu te conformes **maintenant**,

et 3, conséquence !

En général, l'enfant qui n'écoute pas et qui n'en fait
qu'à sa tête est plus sensible à ce décompte qu'au flot de
paroles. En entendant le début du décompte, une fois
qu'il a vérifié le sérieux de votre avertissement (après
que vous ayez réellement imposé une conséquence pour
avoir dépassé le compte du 3), l'enfant réagira plus vite
qu'avec n'importe quelle consigne verbale à laquelle il
devient de moins en moins attentif au fur et à mesure qu'il
l'entend répéter. Pour que cette technique fonctionne, il
importe de toujours imposer une conséquence réelle et
de la maintenir le temps prévu lorsque l'enfant dépasse
le décompte.

Éviter les conflits

La période des devoirs et des leçons est souvent décrite par
les parents comme « l'heure noire » de la journée. En effet, pour
plusieurs d'entre eux, cette période devient un véritable champ
de bataille où les jeux de pouvoir et les conflits se multiplient.

La seule façon d'éviter ce type de relation est de redonner une bonne part du pouvoir à l'enfant en l'encourageant à prendre ses responsabilités. Pour ce faire, on doit tenter, non pas de faire plus mais de faire autrement afin que le «vouloir» de l'enfant (sa motivation) agisse sur le «pouvoir» (l'utilisation de son intelligence). En effet, pour réussir à l'école, il faut «vouloir et pouvoir». Les parents ne peuvent forcer ni l'un ni l'autre sans se retrouver face à un échec. C'est par la valeur que l'école représente au sein de la famille, par la confiance que cette dernière donne à l'enfant, à son école et à ses enseignants, par la capacité des parents à déléguer l'autorité ainsi que par le plaisir qu'ils réussissent à maintenir autour de l'apprentissage que l'enfant a envie de s'engager de plus en plus à l'école. En lui permettant de conserver une marge de manœuvre et des façons de faire qui sont siennes de même qu'en s'appuyant sur les motivations de l'enfant, les parents l'aident à développer son autonomie et son sens des responsabilités. La famille évite ainsi que l'heure des travaux scolaires ne devienne un cauchemar et que les relations familiales soient perturbées.

La juste distance est encore une fois de mise. Prendre part aux devoirs et aux leçons ne veut pas dire prendre toute la place. À la limite, l'enfant qui ne comprend pas les avantages qu'il a à s'acquitter quotidiennement de ses tâches scolaires, malgré les encouragements et les mises en garde des parents, risque de changer d'opinion plus vite s'il vit les conséquences de ses choix à l'école.

Une fois de plus, le rôle des parents est surtout de mettre en place des conditions favorables à la bonne marche des travaux scolaires à la maison, mais sans que cela se fasse au détriment des relations familiales. En limitant le temps alloué à ces activités, les parents démontrent l'importance d'un équilibre à garder et marquent clairement leur désir d'être en relation avec l'enfant, indépendamment de ce qui se passe sur le plan scolaire. Il peut arriver que les parents soient forcés de priver l'enfant de certaines activités de loisir pour sanctionner un comportement inacceptable. Si cela se produit, il faut s'assurer de ne pas utiliser ce temps normalement réservé au plaisir pour des heures supplémentaires de travaux scolaires ; la conséquence serait double et inévitablement ressentie comme telle au point parfois de dégoûter l'enfant de l'école. De toute façon, de longues heures de devoirs chaque soir ne donnent rien de plus à l'enfant.

L'ambiance qui règne autour des devoirs et des leçons a un effet immédiat sur le plaisir que vit l'enfant et, par conséquent, sur sa motivation, sa concentration, sa mémoire, ses capacités de compréhension, sa confiance en lui, etc. Les enfants n'aiment pas montrer une image négative d'eux-mêmes à leurs parents. Il faut donc mettre tout en œuvre pour que cette période se passe le mieux possible, sans quoi il est préférable de déléguer cette tâche à une tierce personne. Rappelons, en terminant, que l'école est d'abord et avant tout l'affaire de l'enfant. C'est lui qui vit les bénéfices et les conséquences de ses comportements.

SITUATIONS PROBLÉMATIQUES POSSIBLES

L'enfant qui travaille lentement, qui refuse de faire ses devoirs ou les remet constamment à plus tard, ou celui qui cherche toujours des distractions alors qu'il doit se mettre à la tâche, exprime quelque chose que les parents doivent tenter de décoder. Ces comportements peuvent s'expliquer par un manque d'intérêt ou, encore,

(…)

(...)

exprimer un mouvement de défense de la part de l'enfant. Si tel est le cas, le parent doit essayer de prendre conscience du sentiment d'agression que vit l'enfant afin d'être en mesure d'ajuster sa façon de faire.

L'opposition de l'enfant peut s'exprimer très ouvertement ou de façon plus passive. En effet, la colère qu'un enfant n'ose pas exprimer ouvertement passe par ses comportements et provoque un effet « boomerang » sur tout le monde. Par exemple, un enfant qui travaille trop lentement, qui ne se concentre pas et qui ne s'applique pas, finit par faire choquer ses parents, par leur faire vivre sa propre colère inexprimée, devenant ainsi victime de sa colère devenue celle du parent contre l'enfant. Ainsi, lorsque la tension monte et que la situation est sur le point de dégénérer, il est préférable que le parent se retire momentanément pour reprendre son calme et laisser l'enfant vivre lui-même sa colère dont il pourra reparler une fois la tempête passée. On doit tirer des leçons de cette expérience et trouver les moyens pour qu'elle ne se reproduise pas trop souvent.

Comment prévenir ces situations ?

- Il importe de se rappeler que ruse et diplomatie valent mieux que force et que rage. La souplesse et la fermeté sont de mise dans l'accompagnement de l'enfant au moment des devoirs et des leçons.

- Un bon moyen pour développer l'autonomie et le sens des responsabilités de l'enfant, c'est de lui donner des tâches dans d'autres domaines que ceux qui sont d'ordre purement scolaire. En effet, sous prétexte des travaux scolaires ou des difficultés rencontrées à l'école, les parents peuvent avoir tendance à exempter l'enfant de certaines tâches quotidiennes qui pourraient pourtant l'aider à se sentir utile à la famille. D'autre part, l'enfant a besoin de s'opposer aux parents, ce qu'il fait généralement là où ceux-ci ont le plus d'attentes. Il faut donc éviter de limiter ces tâches aux études et de ne laisser à l'enfant que le terrain scolaire pour exprimer ses différences, son opposition, son individualité. Au contraire, en lui en confiant (faire son lit, sa chambre, la vaisselle, etc.), ils lui permettent d'exprimer ses désaccords sur d'autres terrains et ils gardent ainsi le terrain scolaire hors du champ de bataille.

- Plutôt que de s'acharner sur le contenu des devoirs, il est préférable de déployer plus d'énergie à encadrer l'enfant et à mettre en place des conditions optimales pour maximiser le plaisir et le goût de l'effort.

- En déléguant l'autorité scolaire à l'enseignant, on accepte de ne pas se substituer à lui au moment des devoirs. Toutefois, il est très important d'exiger de l'enfant qu'il s'applique le mieux possible à ses tâches scolaires. L'encadrement qu'offrent les parents est primordial sur le plan de l'organisation de l'espace et du temps. Ils doivent fournir un espace approprié, calme et bien éclairé et limiter la période des devoirs à un laps de temps convenable ; l'enseignant peut vous donner une idée de la période d'étude nécessaire pour accomplir les tâches demandées. Ce n'est donc pas le

(…)

(…)

rôle des parents d'ajouter des devoirs pour consolider certains objectifs qu'ils estiment mal atteints. Cette façon d'agir entraîne toujours des réactions d'opposition. La deuxième partie de cet ouvrage contient des conseils pratiques sur la façon d'aider à faire intégrer certaines notions autrement qu'en répétant ou en allongeant la leçon ou les exercices.

- Pour limiter le temps d'étude, il faut responsabiliser l'enfant face à ses travaux scolaires. En effet, il n'est pas rare d'observer des mécanismes de défense, comme l'opposition passive chez les enfants qui éprouvent certaines difficultés ou qui cherchent à se protéger de la pression trop importante exercée par les parents. L'enfant qui utilise ces mécanismes de défense travaille lentement, cherche à se distraire, arrête de travailler dès qu'on s'en éloigne, etc. Lorsqu'on le sait capable de faire ce qui est demandé, il peut être judicieux de lui fournir un cadran qui sonnera dès la fin de la période de temps convenue entre l'enfant, le parent et l'enseignant. Par la suite, l'enfant qui n'a pas terminé ses travaux devra tout ranger et vivre les conséquences de sa « passivité ». Il est préférable d'avertir l'enseignant lorsqu'on adopte de telles mesures afin que celui-ci puisse planifier des conséquences adéquates. Ainsi, les parents n'ont pas à se mettre en colère face à l'enfant qui, par son opposition passive, manifeste sa propre colère. Les parents qui s'emportent ainsi devant l'écolier ressentent par la suite, lorsqu'ils se rendent compte qu'il ne fait certainement pas exprès pour ne rien comprendre, un sentiment de culpabilité qui n'a rien d'avantageux en terme de conséquences. En effet, ces parents ont ensuite tendance à vouloir faire encore un peu mieux et donc un peu plus, d'où un cercle vicieux dans lequel tout le monde perd. Le fait de vivre les conséquences à l'école s'avère souvent un moyen beaucoup plus efficace; cela permet aussi de préserver de bonnes relations familiales. Il faut expliquer à l'enfant qu'avec cette façon de procéder, il reste du temps pour faire autre chose ensemble, ce qui doit demeurer une priorité. Avec cette manière de faire, l'enfant qui a vraiment des difficultés de compréhension du devoir peut, le lendemain, demander des explications additionnelles à son enseignant.

- Des luttes de pouvoir surgissent parfois lorsqu'il est question de faire les devoirs. L'enfant remet toujours à plus tard, forçant ainsi le parent à jouer le rôle du bourreau, de celui qui le force à s'y mettre. Or, il faut se rappeler que l'enfant déteste se faire contrôler. Ainsi, pour éviter d'argumenter et l'aider à devenir autonome et responsable, il est souvent avantageux de lui donner un choix à faire, de lui donner l'impression de décider, même s'il s'agit parfois d'un faux choix. Par exemple, il est possible de dire à l'enfant qu'il peut, maintenant qu'il est grand, décider de l'heure à laquelle il fait ses devoirs, mais qu'il doit respecter son engagement et décider entre deux moments jugés raisonnables, soit 16 h ou 16 h 30. En général, l'enfant

(…)

(...)

respecte son engagement pour montrer combien il est «capable» quand on le laisse décider. Cette façon de faire peut s'appliquer à de multiples situations où des luttes de pouvoir se présentent. L'enfant peut aussi choisir l'ordre dans lequel il fera ses travaux. C'est un autre moyen de lui apprendre à s'organiser et à planifier ses actions de façon autonome, responsable et engagée.

- Au cours de cette période des devoirs, il faut éviter à tout prix une intrusion trop grande dans les responsabilités scolaires de l'enfant. Même lorsqu'on juge ses moyens inadéquats, il est important de se limiter à le conseiller et à lui faire remarquer avec diplomatie ce qu'on observe et les résultats que cela peut entraîner. Par la suite, il doit une fois de plus assumer les conséquences de ses propres décisions à l'école. Par ailleurs, lorsque les parents estiment que l'enfant doit vivre une conséquence à la maison en raison d'un comportement ou d'une attitude inacceptable, celle-ci doit être expliquée à l'enfant. Elle doit surtout être directement liée à l'acte qui l'a entraînée. Par exemple, le priver d'une sortie prévue pour la semaine suivante à cause d'un devoir mal fait ne l'aidera pas à faire le lien entre ces deux événements et à se rappeler cette situation lorsqu'elle se représentera dans l'avenir. Dans ce cas, le reproche de l'enseignant, si pénible soit-il, est en soi une conséquence beaucoup plus liée à l'acte et, pour cette raison, il a beaucoup plus de chances d'influencer le comportement. Cette façon d'agir s'applique à tous les domaines où des conséquences

doivent être encourues. Bien sûr, a
conséquence, il faut être certain
parent, de l'appliquer jusqu'
change d'idée une fois le momen
perdra toute crédibilité. Il est donc prête.
réfléchir avant de dicter une conséquence ou un
tion. Parfois, il est même possible de laisser l'enfant ra
choisir lui-même. Il est surprenant de voir la sévérité
qu'il démontre envers lui-même lorsqu'il est en contrôle; on doit donc l'aider à tempérer ses élans lorsqu'on
juge la punition exagérée. Par ailleurs, le renforcement
positif et l'encouragement sont souvent beaucoup plus
efficaces que des conséquences négatives. Il faut trouver un équilibre entre ces deux moyens d'intervenir.

- Pour éviter d'avoir à trop intervenir au cours de la
séance de devoirs, il faut aider son enfant à s'organiser avant qu'il se mette à la tâche. On peut l'aider à
découper la tâche en plusieurs parties tout en lui laissant, chaque fois que c'est possible, le choix de l'ordre
dans lequel il veut les faire. En début de semaine, il
est utile d'aider l'enfant à planifier les devoirs ou les
travaux qui doivent être échelonnés dans le temps (le
vocabulaire, les recherches, les textes à mémoriser, les
romans à lire, etc.).

- Lorsqu'on aide un enfant à faire ses devoirs ou à étudier ses leçons, il faut adapter notre présence auprès de
lui en fonction de son âge. En première année, l'enfant
a besoin de nous sentir à ses côtés; par la suite, on doit
lui demander de faire seul ce qu'il est capable de faire

(…)

…)

seul et l'encourager à ne demander de l'aide qu'au besoin. De plus, il est important de lui laisser le temps de réfléchir quand on l'aide à étudier. Cela veut dire lui laisser un temps d'évocation*; de cette façon, on obtient souvent une réponse plus réfléchie que lorsqu'on exige une réponse en vitesse sous prétexte qu'il faut faire vite pour passer à autre chose. L'enfant a tout intérêt à prendre le temps de faire le plus souvent possible ses démarches mentales de façon autonome.

Malgré tous ces moyens, lorsque la tension monte trop à l'heure des devoirs et des leçons, il est utile pour les parents de se retirer de la pièce afin de se calmer plutôt que de s'emporter. Aussi, en utilisant le «je» quand on lui parle de notre difficulté à l'aider, on évite d'accuser l'enfant. Dans certains cas, il peut également être préférable de déléguer l'accompagnement aux devoirs à un tiers, soit à l'autre conjoint, soit à un tuteur (étudiant, professeur à la retraite, autre parent ou adulte responsable). La période d'étude offerte dans la plupart des écoles peut s'avérer une solution intéressante dans certains cas. Si une telle mesure est adoptée, il est important de montrer à l'enfant, par quelques questions ou par l'observation de ses nouvelles compétences, que ses études nous intéressent même si on ne l'accompagne plus d'aussi près.

---

*Évocation: action de faire revenir dans sa tête l'information qu'il a déjà vue ou entendue. Les évocations mentales peuvent se faire sous forme de mots ou d'images. Nous y reviendrons dans la deuxième partie de l'ouvrage.

Démontrer de l'intérêt pour l'apprentissage scolaire

Il est important de s'intéresser aux apprentissages scolaires de l'enfant, mais il faut aussi éviter d'être trop près ou trop loin. Accompagner l'enfant dans sa vie scolaire veut aussi dire éviter l'intrusion dans ce champ d'activités, éviter de nuire à l'émergence de ses besoins et de ses désirs d'apprendre pour lui-même et à sa façon. Accorder sa confiance signifie aussi laisser une certaine liberté à l'enfant sans pour autant laisser aller. La valeur que les parents accordent aux nouvelles acquisitions, compétences et apprentissages, et le soin qu'ils mettent à respecter les rythmes et les intérêts individuels permettent d'entretenir le processus d'apprentissage sans risquer de le compromettre ou de nuire aux bonnes relations familiales.

Tout parent, qu'il vive à la maison ou non, doit s'intéresser aux apprentissages que fait son enfant. Celui qui accompagne l'enfant de près doit, pour sa part, trouver la juste distance à garder. Il est possible de manifester son intérêt pour ce qu'il a fait dans la journée, pour ce qu'il vit à l'école en relation avec les autres ainsi que pour ses apprentissages par un simple commentaire ou par une question précise. Il s'agit une fois de plus d'éviter l'intrusion en disant, par exemple : « Raconte-moi ta journée ! » ou en faisant un commentaire du genre : « Tu ne me racontes jamais rien ! » Les enfants n'aiment pas devoir raconter toute leur journée. Souvent pris de court, ils ne savent pas trop quoi dire. Ils ont aussi droit à leur petit jardin secret. Ils ont besoin d'un espace bien à eux pour forger leur autonomie et leur identité. Une question précise qui demande une réponse courte est souvent mieux accueillie. Cette question peut initier un échange intéressant à l'heure du repas. Chacun peut, par exemple, raconter un bon et un mauvais moment de la journée, les parents y compris. La participation active des parents à ces échanges est importante, puisqu'elle leur permet d'agir comme modèles, tant sur le plan des idées véhiculées que des structures de phrases utilisées pour répondre.

Pour l'enfant, l'émerveillement du père face à ses nouvelles compétences a plus de crédibilité et des effets plus importants que celui de la mère, si l'on en croit certaines études récentes. Les pères ont donc tout autant avantage que les mères à prendre part aux devoirs et aux leçons. Une fois de plus, la qualité vaut mille fois la quantité en termes d'accompagnement.

Ce qu'on fait est souvent plus révélateur et plus important que ce que l'on dit. L'enfant à qui on répète constamment que la lecture est importante dans la vie, mais qui ne voit jamais ses parents ouvrir un livre risque fort de ne pas intégrer le message transmis verbalement. Les parents qui se montrent intéressés à l'acte d'apprendre dans son sens large, pour eux-mêmes comme pour l'enfant, exercent une influence plus grande que ceux qui prononcent de longs discours prônant l'importance de l'école dans la vie.

« Les enfants ont besoin de modèles plus que de critiques. »

Joseph Joubert

SITUATIONS PROBLÉMATIQUES POSSIBLES

Lorsque les parents ne prêtent pas attention à la vie scolaire de leur enfant, on ne peut pas s'attendre à ce que ce dernier démontre un grand intérêt pour ses études, même si cela reste tout à fait possible. Par ailleurs, le désintérêt complet des parents peut être tout aussi dommageable que leur trop grande proximité autour de la scolarité. Dans cette perspective, la difficulté qu'ils peuvent avoir à permettre à l'enfant de s'attacher à l'école est souvent une façon déguisée et inconsciente de ne pas permettre à l'enfant de s'intéresser à l'école comme à un milieu extérieur possiblement bon, plaçant parfois ce dernier en conflit de loyauté s'il y manifeste lui-même un certain intérêt. L'intérêt du parent pour ce milieu extérieur renforce généralement celui de l'enfant. Lorsque celui-ci évolue dans une famille où l'école ne compte pas ou peu, il a du mal à s'y engager et à transférer ses connaissances dans le quotidien, seule façon de les intégrer réellement. Or, ce transfert se fait souvent de manière spontanée quand l'enfant et ses parents trouvent de l'intérêt à ce qui est enseigné à l'école.

De nos jours, il est fréquent de rencontrer des enfants dont les parents sont séparés. Dans de tels cas comme dans les familles traditionnelles, c'est bien souvent la mère qui prend une plus grande place autour des travaux scolaires. Quant au père, il s'intéresse souvent trop peu à la scolarité de l'enfant, préférant déléguer cette tâche à sa conjointe. Cette situation n'est pas sans impact sur l'équilibre des interventions parentales qui seront utiles à l'enfant et ce, de façon encore plus importante chez le petit garçon. Le père qui s'intéresse même de loin à la vie scolaire de son enfant aide parfois à remettre les choses en perspective, à permettre à la mère de prendre une certaine distance, à proposer des moyens différents, souvent moins orthodoxes et parfois même plus proches des habiletés spontanées de l'enfant. Les stratégies proposées par le père peuvent parfois mieux répondre aux besoins du garçon tout simplement parce que leurs styles cognitifs sont semblables. Le père, qui

(…)

(...)

ne se mêle pas de l'aspect scolaire et qui n'intervient que pour sanctionner au besoin, ne peut pas avoir une influence positive sur la scolarité de son jeune écolier; au contraire, il peut même, sans le vouloir, contribuer à la démotivation progressive de l'enfant.

Comment prévenir ces situations?

- S'intéresser au vécu scolaire de l'enfant en faisant des commentaires ou en posant des questions sur ce que fait l'enfant, surtout au sujet de sa façon de s'y prendre pour le faire.

- Exprimer à l'enfant vos observations sur ses nouvelles habiletés. Discuter avec lui des situations où ces connaissances peuvent être utiles dans le quotidien.

- Parler de la valeur qu'a l'école pour vous. Raconter vos propres souvenirs et expliquer à quoi l'école vous sert maintenant dans votre vie d'adulte.

- Ne pas attendre que l'enfant soit couché pour lire, écrire ou faire vos comptes. Lui permettre de vous voir accomplir des tâches similaires aux siennes, que ce soit par plaisir ou par obligation.

- Discuter et réfléchir à voix haute devant l'enfant, juste pour le plaisir de tenter de comprendre, de faire des liens, de connaître, de découvrir de nouvelles choses. Ne pas hésiter à lui demander de vous expliquer ce qu'il a appris si c'est un domaine inconnu pour vous ou à partager vos connaissances si vous êtes familier avec ce domaine.

- Demander à l'enfant des explications sur certaines notions qu'il a apprises; le faire par intérêt réel et non seulement pour vérifier l'acquisition de la connaissance. Dans ce dernier cas, l'enfant aura tôt fait de se rendre compte de votre manège et se fermera ultérieurement à ce genre d'échanges.

- Se rappeler que l'essentiel réside dans la qualité de l'intérêt qu'on porte à la vie scolaire et aux études de l'enfant. Pendant les moments choisis, le parent doit être complètement disponible, de corps et d'esprit, au moins quelques minutes par jour. Pour être totalement présent, il faut penser à mettre de côté soucis et préoccupations de même que faire attendre les tâches ménagères.

- Lorsqu'il est difficile de porter un intérêt réel à l'enfant parce que les préoccupations et les soucis sont tels qu'on ne parvient pas à être réellement disponible, il est préférable de ne pas faire semblant. Le parent peut y perdre sa crédibilité et l'enfant peut se sentir trahi ou encore manipulé. Dans de telles conditions, il peut être avantageux de confier à quelqu'un d'autre momentanément, au moins en partie, cet accompagnement afin que l'enfant ne se sente pas abandonné, laissé seul avec tous les écueils de sa vie scolaire.

- Demander aux enfants qui le peuvent de raconter ou de lire une histoire aux plus jeunes; cela permet de marquer l'intérêt du parent et de souligner l'utilité des nouvelles compétences des plus grands au sein de la famille. De multiples situations quotidiennes se prêtent

(…)

(…)

bien à l'utilisation des connaissances acquises à l'école. Nous en donnerons des exemples dans la deuxième partie de ce livre.

- Démontrer l'intérêt et l'importance qu'on accorde à sa scolarité, c'est aussi organiser pour l'enfant un lieu agréable, calme et bien éclairé pour faire les devoirs et les leçons. Il faut aussi choisir avec l'enfant le moment opportun pour qu'il se mette à la tâche et tenter d'établir certaines routines qui doivent être les plus stables possible. Cette façon de faire lui permet de développer son autonomie et son sens des responsabilités. L'enfant accepte d'autant mieux l'établissement d'une telle routine s'il a participé à son élaboration. Ainsi, il est préférable de le laisser exprimer ses idées, faire certains choix, même s'ils ne sont pas toujours ceux des parents. Il importe d'être plus ferme seulement lorsque certains aspects peuvent être préjudiciables à l'enfant, comme par exemple faire ses devoirs devant la télévision. Il existe un temps pour chaque chose.

- Dans l'établissement de la routine pour la période des devoirs et des leçons, il est important de planifier un temps pour la détente et de laisser l'enfant en choisir le moment. Ce moment est essentiel, même s'il est de courte durée. L'enfant ne doit pas avoir l'impression que seule l'école compte, même si le parent s'y intéresse.

Si les parents sont séparés, un carnet de bord, qui suit l'enfant et qui permet aux parents d'échanger des informations sur les activités scolaires et parascolaires, peut aider à assurer un meilleur suivi. Les lettres et messages reçus de l'école pourront y être insérés afin que chaque parent puisse en prendre connaissance.

En résumé

En définitive, le rapport qui se tisse entre l'écolier et ses parents autour de la vie scolaire peut déterminer en partie la qualité de son implication scolaire et, finalement, sa réussite. Évidemment, bien d'autres facteurs influencent aussi le rapport que l'enfant établit avec l'école, mais le rôle du parent est primordial puisqu'il est celui qui peut aider l'enfant à assimiler la multitude d'expériences qu'il y vit. L'intérêt que le parent porte au développement de son enfant, la confiance qu'il lui témoigne et le type d'accompagnement et d'écoute qu'il lui offre favorisent son intégration à l'école au sens large et le développement des attitudes de base nécessaires à la réussite scolaire (confiance, autonomie, persévérance, sens des responsabilités, motivation, etc.).

Les parents ont un rôle à jouer beaucoup plus large que celui de faire répéter les leçons à l'enfant. Ils doivent l'aider à ouvrir ses horizons, à utiliser le quotidien pour apprendre à se connaître, à se débrouiller, à se dépasser et à apprendre. L'objectif n'est pas tant que les devoirs soient faits et que les leçons soient sues, bien que cela aussi soit important, mais c'est de faire en sorte que la qualité de l'engagement de l'enfant à l'école permette des apprentissages qui deviendront signifiants au point que le reste (devoirs et leçons) puisse se faire spontanément. En agissant sur les facteurs affectifs qui contribuent à la réussite scolaire, les parents ont plus de chances d'arriver à leurs fins, c'est-à-dire de voir leur enfant évoluer naturellement dans un cadre scolaire, sans devoir mettre de pression et se retrouver régulièrement en plein champ de bataille. Une fois le calme établi, plusieurs moyens peuvent être utilisés par les parents pour favoriser le développement cognitif et l'intégration des apprentissages.

À RETENIR

- Discuter avec l'enfant, l'enseignant et d'autres parents permet de prendre du recul, de relativiser la situation et d'agir en connaissance de cause.

- Utiliser le «je» pour exprimer ses divergences d'opinion afin d'éviter un jugement global sur une situation dont on ne connaît pas toujours tous les détails ni toutes les incidences.

- Permettre à l'enfant de s'engager pleinement dans la vie scolaire et de s'attacher aux gens qu'il y rencontre, même si rien n'est parfait.

- Déléguer l'autorité parentale à ceux qui prennent l'enfant en charge à l'école.

- Encourager l'autonomie de l'enfant et valoriser sa capacité d'assumer ses responsabilités.

- Établir des règles claires à la maison et encourager l'enfant à respecter celles qui sont imposées à l'école.

- Faire confiance au milieu scolaire et au potentiel d'adaptation du jeune.

- Reconnaître et respecter les différences individuelles tout en mettant l'accent sur les forces et les compétences propres à chacun.

- Développer le plaisir d'apprendre.

- Démontrer son intérêt pour la scolarité de l'enfant et pour l'école en général en relevant les points forts de l'enfant et en mettant en place des conditions de travail favorables aux apprentissages. C'est par des attitudes et des gestes posés au quotidien que l'enfant comprendra bien la valeur que ses parents accordent à son vécu scolaire et à l'école de façon plus générale.

- Mettre un soin particulier à l'organisation de l'espace et du temps accordé aux devoirs.

- Parler de son propre vécu scolaire aux enfants.

- Poser à l'enfant des questions concernant son vécu scolaire, ses apprentissages, ses intérêts et ses frustrations.

- Reconnaître ses nouvelles compétences en lui confiant des responsabilités qu'on le sait capable d'assumer.

- Tenter de garder une juste distance (ni trop près, ni trop loin). Éviter autant l'intrusion que le laisser-aller.

- Dédramatiser des situations problématiques par l'humour.

- Éviter les situations de conflits autour des études de l'enfant.

- Se rappeler que l'école, c'est son affaire !

ATTENTION À …

- Ne pas dévaloriser l'école dans son sens large aux yeux de l'enfant.

- Ne pas sabrer dans l'autorité du milieu scolaire. En dernier recours, demander à l'enfant de respecter les consignes prescrites malgré un désaccord envers les moyens utilisés tout en l'aidant à faire face à la réalité. Il apprend ainsi à assumer les conséquences de ses gestes.

- Ne pas rejeter en bloc l'intervention d'un enseignant, les règlements imposés par le code de vie, les méthodes ou approches pédagogiques. À la rigueur, les désaccords peuvent parfois être soulignés en précisant les faits sur lesquels ils reposent et en expliquant les raisons de nos divergences d'opinion.

- Ne pas laisser place aux sentiments de rivalité qui peuvent surgir envers les enseignants ou les intervenants scolaires auxquels l'enfant s'attache.

- Ne pas s'interposer, autant que possible, entre l'enseignant et l'enfant.

- Ne pas essayer de tout contrôler. Se limiter à intervenir sur l'essentiel afin d'éviter les conflits. Pour le reste, permettre des choix, même si ce ne sont pas les meilleurs.

- Ne pas dire «Il faut faire **nos** devoirs» ou encore «Il **m'a** rapporté un 5 sur 10 en dictée après tout le temps qu'on y a mis», car l'école, c'est **son** affaire. Son rendement ne doit pas devenir un cadeau que l'enfant donne ou refuse aux parents selon ce qui se vit dans sa relation avec eux. Il est donc essentiel de mettre l'énergie des parents à contribution pour que ses apprentissages deviennent signifiants, qu'ils deviennent siens et, dès lors, efficaces, utilisables, et même intéressants. Tout va tout seul ensuite!

- Ne pas utiliser la lecture ou l'écriture comme punition, afin que l'enfant n'associe pas ces activités à des expériences négatives (par exemple, ne pas dire : « Va lire dans ta chambre ! » lorsqu'il a mal agi).

- Ne pas oublier que toutes les expériences plus ou moins positives sont utiles au développement des habiletés dont les enfants auront besoin pour vivre en société. L'école est une étape importante dans cet apprentissage.

- Ne pas hésiter à consulter l'enseignant ou des spécialistes au besoin lorsque les parents observent des difficultés particulières auxquelles ils ne trouvent pas de solutions.

CHAPITRE 2

INTERVENIR «AUTREMENT» : AIDER L'ENFANT À APPRENDRE

▼

Les parents doivent prêter une attention particulière au climat affectif qui se tisse autour de la vie scolaire de l'enfant afin de maximiser ses chances de s'épanouir à l'école. Ils doivent se demander de quelle manière ils peuvent l'aider au moment des devoirs et des leçons, lorsqu'ils choisissent de ne pas s'improviser enseignants, surveillants d'études ou, pire encore, généraux sur un champ de bataille. La meilleure façon d'aider son enfant, c'est de l'accompagner en se préoccupant de ses moyens d'apprendre et de s'organiser plutôt qu'en s'attachant uniquement au contenu du devoir ou de la leçon.

La maison peut devenir un lieu privilégié pour *apprendre à apprendre*. Elle offre, en effet, de nombreuses situations d'interactions enrichissantes au cours desquelles on peut prendre conscience de sa propre façon d'apprendre. La période des devoirs et des leçons est un moment favorable à cette prise de conscience ; le parent peut alors agir comme un guide en observant, en réfléchissant et en discutant avec l'enfant des moyens respectifs que chacun utilise pour assimiler des connaissances.

Dans ces conditions, les devoirs et les leçons trouvent surtout leur utilité lorsqu'ils sont donnés dans le but de faire réviser des notions vues pendant la journée et de créer des automatismes chez l'enfant. En effet, tout geste automatique permet une économie d'énergie qui peut être utile ailleurs. Quand un enfant a appris les règles à appliquer de façon automatique ou qu'il a acquis des méthodes, il peut alors se concentrer sur d'autres aspects du problème et effectuer un vrai travail de réflexion qui permet habituellement l'intégration de la notion au reste des connaissances. Un devoir «utile» à l'enfant doit aussi comporter une difficulté surmontable, c'est-à-dire à sa portée, tout en représentant pour lui un défi véritable. L'atteinte de l'objectif et, conséquemment, la réussite de l'exercice ne procurent à l'enfant un sentiment de compétence que lorsque cette double condition est remplie.

Les différences individuelles font qu'il n'est pas possible que chaque devoir procure ce type de défi. Il peut donc appartenir au parent d'inciter l'enfant à pousser plus loin sa réflexion si le devoir paraît trop facile et trop peu stimulant ou de l'accompagner dans sa démarche en l'aidant à transformer un devoir plus difficile en un défi surmontable. Pour ce faire, le parent a tout avantage à intervenir sur la façon dont l'enfant s'y prend, afin que ce dernier ait le sentiment d'avoir trouvé lui-même la réponse. Cela améliore l'intégration réelle de la connaissance et crée un sentiment de compétence et de fierté face à ses parents.

Les leçons, pour leur part, ont aussi pour objectif l'acquisition d'automatismes et l'intégration de connaissances. Par ailleurs, elles visent, plus que les devoirs, la mémorisation de savoirs. L'étude des leçons fait appel à des processus mentaux plus complexes; en effet, l'enfant, pour être efficace, doit mettre en œuvre des stratégies cognitives (voir la définition à la page suivante) diversifiées et adaptées à la leçon elle-même, en plus de s'engager dans une activité mentale active et volontaire. Pour sa part, le devoir est souvent exécuté sans que l'enfant fournisse un aussi grand effort mental et, dans ce sens, il devient théoriquement plus facile à faire de façon autonome.

Le soutien des parents aux devoirs de l'enfant peut donc se limiter à une supervision à distance, la distance variant selon l'âge de l'enfant. À cela s'ajoutent quelques interventions ponctuelles pour aider l'enfant à se replacer dans le contexte de la tâche et pour l'encourager à utiliser des stratégies efficaces. Par contre, la supervision des leçons devra souvent se faire avec un encadrement plus serré.

Qu'est-ce qu'une stratégie cognitive ?

Une stratégie cognitive, c'est un moyen utilisé consciemment ou non pour atteindre un objectif. Plus simplement, on peut dire qu'il s'agit d'un « truc » ou d'une façon de faire mentalement en vue d'apprendre quelque chose. Par exemple, c'est donner un rythme à l'énumération d'une série de sept chiffres pour pouvoir retenir un numéro de téléphone que l'on compte utiliser plus tard. C'est s'imaginer en train de raconter une bonne blague à d'autres personnes au moment même où on l'entend. C'est aussi mémoriser une phrase qui a du sens dans le but de retenir, par exemple, les conjonctions qu'il faudra réciter le lendemain à l'école : « Mais où est donc Carnior ? » (conjonctions : mais, où, et, donc, car, ni, or). C'est aussi se faire des images dans sa tête, c'est se redire les mots lus ou entendus en classe, c'est faire revenir à la mémoire des gestes posés, des sensations ou des émotions vécues dans une situation antérieure et c'est surtout se parler intérieurement de ces images ou s'en construire de nouvelles à partir des mots qu'on se redit. Il s'agit donc d'une série de moyens qui permettent d'ouvrir les tiroirs dans lesquels sont emmagasinées et classées les connaissances ; des tiroirs de mots, d'images et de sensations.

Les stratégies cognitives sont autant de moyens pour s'approprier le réel, le savoir, la connaissance. Elles opèrent par la mise en action de tous les sens qui perçoivent le réel et qui permettent de se le représenter pour ensuite faciliter la circulation de l'information entre les «centres de traitement» du cerveau. Les stratégies cognitives les plus larges, soit les stratégies visuelles, auditives et kinesthésiques, ainsi que les procédés de traitement de l'information (séquentiels et simultanés) sont présentées dans les pages qui suivent*.

Les connaissances emmagasinées se greffent les unes aux autres par l'intervention de nombreux procédés cognitifs, c'est-à-dire liés à l'intelligence. L'ensemble des connaissances ainsi tissé peut être comparé à une maison — que nous appelons ici «maison mentale» — dans laquelle on retrouve plusieurs pièces, recoins et styles de rangement propres à chacun. Pour construire une telle maison, il faut utiliser de nombreux outils ou stratégies cognitives. Ces outils détermineront en partie la manière dont chacun s'y prend pour s'approprier tel ou tel savoir dans tel ou tel domaine et sa capacité d'y parvenir. Consacrer du temps à les développer avantage l'enfant à long terme.

Les différences individuelles, quant à la manière d'apprendre de chaque enfant, sont considérables. Parfois, l'écart important observé entre le style d'enseignement adopté par les adultes (enseignants ou parents) et cette manière d'apprendre est suffisant pour aggraver certaines difficultés d'apprentissage. À l'extrême, on sait que les enfants qui vivent des troubles graves d'apprentissage ont une façon bien spéciale d'appréhender le domaine des connaissances et il faut en tenir compte. Tout se passe pour eux comme si l'on ne parlait pas la même langue.

---

*Ces termes sont définis tout au long du présent chapitre. Pour en savoir davantage sur les procédés de traitement de l'information, voir les deux premiers chapitres de: FLESSAS, Janine et Francine LUSSIER. *Épreuve de simultanéité verbale Flessas-Lussier (S.V.F.L.)*. Montréal: Éditions de l'Hôpital Sainte-Justine, 1995, ainsi que BÉDARD, Jean-Luc, Gilles GAGNON, Luc LACROIX et Fernand PELLERIN. *Les styles d'apprentissage: modèle d'apprentissage et d'intervention psychopédagogique*. Victoriaville: Psychocognition BGLP, 2003.

Les aspects affectifs décrits dans le premier chapitre influencent la façon qu'ont ces enfants d'entrer en relation avec le domaine scolaire, mais les aspects cognitifs déterminent tout autant leur réussite ou leur échec.

Il est courant qu'un enfant ait plus de difficulté à un moment donné dans une matière ou une autre même sans avoir de troubles d'apprentissage réels ; c'est parfois faute d'intérêt, mais cela peut aussi être parce qu'il n'utilise pas de stratégies efficaces. Si ces stratégies étaient présentes, elles permettraient dans certains cas de recouvrer l'intérêt manquant et de surmonter les difficultés rencontrées. Il est donc très utile aux parents de reconnaître qu'il existe différentes façons d'apprendre afin qu'ils respectent et aident leur enfant dans la manière qui lui est propre.

Les milieux scolaires sont de plus en plus conscients de ces différences et s'efforcent d'adapter leurs moyens d'enseignement afin de rendre le contenu accessible à tous. Toutefois, il est bien évident qu'il n'est pas possible, même avec la meilleure volonté du monde, d'individualiser l'enseignement dans une classe ordinaire d'une trentaine d'élèves. L'enfant a donc avantage à acquérir le plus d'autonomie possible afin que l'information apprise devienne utile et utilisable, et que l'apprentissage représente pour lui un défi surmontable. Dans cette perspective, le parent est bien placé pour aider l'enfant à acquérir cette autonomie intellectuelle, grâce au regard privilégié qu'il pose sur son enfant et aux moyens d'action qu'il peut lui suggérer en fonction de ses caractéristiques particulières.

Pourquoi enseigner des stratégies cognitives aux enfants ?

Il ne suffit pas d'être intelligent pour apprendre, au même titre qu'il est insuffisant d'avoir un coffre à outils pour être menuisier. Encore faut-il savoir choisir l'outil nécessaire en fonction de la tâche à effectuer et savoir s'en servir. Mais d'abord et avant tout, il est important de savoir que l'outil en question existe.

On peut aider un enfant à mieux utiliser son intelligence en lui faisant prendre conscience de ses habitudes mentales, de ses façons d'apprendre, de ses « outils d'apprentissage ». En effet, les habiletés cognitives et les stratégies d'apprentissage sont en quelque sorte les outils de l'apprenant. En général, les enfants n'ont pas à prendre conscience des gestes mentaux qu'ils font pour apprendre. La succession des gestes mentaux se fait souvent spontanément et inconsciemment. Toutefois, lorsqu'un enfant apprend facilement dans un domaine et échoue dans un autre, il faut parfois l'aider à comprendre comment il s'y prend « mentalement » quand il réussit afin de l'encourager à en faire autant lorsqu'il est en difficulté. C'est là que la prise de conscience des habitudes mentales devient essentielle. En découvrant comment il procède lorsqu'il est en situation de réussite, l'enfant peut ensuite choisir consciemment d'utiliser les mêmes méthodes dans un domaine qui lui est moins familier et où l'apprentissage se fait moins spontanément.

Si l'apprentissage par le jeu est à ce point efficace chez les enfants, c'est en partie à cause de l'aspect plaisir qui y est rattaché et parce que, dans ces conditions, les bons gestes mentaux se mettent souvent en branle spontanément. L'intérêt et le désir de réussir déclenchent souvent l'utilisation des stratégies mentales les plus efficaces. Pour que celles-ci soient utilisées dans toutes sortes de domaines, même ceux suscitant moins d'intérêt, l'enfant doit en devenir conscient et choisir volontairement de les appliquer à ce domaine. Il est donc utile que les parents apprennent à observer les stratégies de leur enfant afin d'être en mesure de l'aider à en prendre conscience et à les utiliser consciemment et volontairement lorsqu'il fera face à une difficulté. Ils peuvent aussi suggérer à l'enfant d'autres moyens en discutant à voix haute, par exemple, de leur propre façon de réfléchir au problème, de leur propre façon de traiter l'information. Ainsi, plus l'enfant connaît de stratégies différentes, mieux il est équipé pour résoudre des problèmes et plus il devient débrouillard et autonome sur le plan intellectuel. C'est comme si on lui offrait plusieurs cordes pour faire voler son cerf-volant ; s'il en échappe une, il en possède d'autres et se trouve rarement dépourvu. Il peut alors devenir actif mentalement et se concentrer de manière positive sur la recherche de solutions. Voilà pourquoi plusieurs enseignants ont le souci de présenter différentes stratégies aux enfants et de varier leurs méthodes d'enseignement pour que chacun y trouve son compte.

Le parent a plus d'influence sur la réussite scolaire de l'enfant s'il est là pour orienter l'enfant, sans faire ses devoirs à sa place… ou presque. Trop aider l'enfant — aller jusqu'à lui souffler à l'oreille quelques réponses pour qu'il réussisse au moins à faire le devoir — ne lui permet pas de faire sienne la connaissance, de s'approprier le savoir et donc de le rendre utilisable et permanent. Plus les outils qui font partie du coffre « mental » sont diversifiés, plus le traitement de l'information est facile et efficace. Lorsqu'on lui donne des moyens pour faire seul le travail, l'enfant trouve des réponses qui lui serviront dans la vie, puisqu'elles seront solidement intégrées à l'ensemble de ses connaissances. Une réponse fournie sans efforts ne permet pas cette même qualité d'intégration.

Étant donné les différences individuelles observées par rapport aux moyens d'apprendre, les parents ne peuvent pas s'imposer comme modèles à leur enfant et s'attendre à ce que leur petit écolier procède exactement comme ils le feraient eux-mêmes. Par contre, ils sont en mesure de l'aider à prendre conscience de ses propres façons de faire. Ils ont aussi avantage à observer leur propre façon de penser et d'apprendre ; ils peuvent ensuite la partager avec l'enfant dans les situations d'apprentissage qui s'y prêtent. Comme dans toute chose, il faut savoir doser correctement. Ainsi, il convient de ne pas inonder l'enfant de grands discours théoriques et d'interrogatoires interminables sur les stratégies qu'on souhaiterait améliorer, sous prétexte de vouloir l'aider.

S'il agit comme un guide, comme « celui qui apprend à l'enfant à apprendre », le parent qui accompagne son enfant dans ses devoirs et ses leçons exerce une grande influence sur sa réussite scolaire et sur le plaisir qu'il retire de ses activités. Un vieux proverbe chinois exprime bien l'utilité de « l'apprendre à apprendre » :

> « Celui qui donne un poisson à quelqu'un qui a faim
> le nourrit pour un jour.
> Celui qui lui enseigne à pêcher le nourrit pour toujours. »

En apprenant à l'enfant à diversifier ses façons de faire, en l'aidant à prendre conscience de celles qu'il utilise déjà dans différentes situations, on l'aide à construire ses propres outils pour devenir autonome sur le plan intellectuel. Cette autonomie deviendra manifeste à l'école, au cours des examens et, de façon générale, chaque fois que les parents sont absents.

Quelles stratégies enseigner ?

Toute stratégie dont on prend conscience mérite d'être enseignée, soit pour que l'enfant se rende compte qu'il l'utilise déjà, soit pour qu'il en acquiert une autre ou encore pour qu'il devienne conscient du pouvoir cognitif qu'il peut acquérir. Dans cette perspective et sans devoir être un spécialiste de la question des stratégies cognitives, tout parent peut, à un moment ou à un autre, échanger avec l'enfant sur sa façon de faire pour apprendre un jeu, les règles d'un sport, une règle de grammaire, un poème, le fonctionnement d'un appareil quelconque comme l'ordinateur, etc.

Les premiers échanges de ce type entre les parents et l'enfant devraient porter sur des apprentissages qui ont fait l'objet d'une réussite. De cette façon, ils permettent aux parents comme à l'enfant de prendre l'habitude de réfléchir à leur façon personnelle de mémoriser, de comprendre et de procéder. Par exemple, dans n'importe quelle situation où l'apprentissage a été facile, un parent peut demander à l'enfant comment il a fait « dans sa tête » pour retenir une méthode, pour comprendre une notion ou appliquer une règle. S'est-il fabriqué des images dans sa tête ou s'est-il répété les explications données par l'enseignant durant la journée ? Quels trucs a-t-il utilisés ? Au début, l'enfant ne saura probablement pas quoi répondre parce que ce type de regard sur soi, sur ses propres gestes mentaux, exige en lui-même un apprentissage. Le parent qui fait personnellement l'exercice de réfléchir à voix haute devant l'enfant sur ses propres façons de faire peut agir comme modèle. L'enfant en viendra, petit à petit, à observer ses moyens à lui et, peut-être même, à mettre en œuvre des stratégies de plus en plus diversifiées. Sans cette variété de moyens, l'enfant peut demeurer très dépendant de ses parents comme de l'enseignant pour résoudre des problèmes ou apprendre ses leçons.

Les stratégies dont nous allons parler sont facilement observables et démontrables dans un contexte de vie quotidienne et elles sont utilisées par bon nombre d'enfants. Toutefois, il y en a qui, faute d'avoir acquis certaines stratégies, éprouvent des difficultés particulières ou des troubles spécifiques d'apprentissage. Dans de tels cas, il est préférable de recourir à des spécialistes qui peuvent suggérer des moyens précis pour faire face aux problèmes. Il reste quand même que l'une des meilleures façons d'aider ces enfants consiste justement à les soutenir afin qu'ils mettent au point, en se basant sur leurs forces, des stratégies efficaces pour compenser leurs déficits. Celles qui sont suggérées ici peuvent aussi être utiles aux élèves en difficulté, dans la mesure où sont repérées et utilisées les stratégies susceptibles d'aider à compenser les stratégies déficitaires.

Les stratégies cognitives s'appuient sur les systèmes de perception que chaque individu a acquis par l'intermédiaire de ses cinq sens (la vue, l'ouïe, le toucher, l'odorat, le goût) qui sont les portes d'entrée de l'information vers le cerveau. Chacun code ensuite l'information perçue dans un système de représentations mentales sous forme de souvenirs visuels, auditifs/verbaux et kinesthésiques (faisant appel aux sensations).

Dans les pages qui suivent, nous traiterons de la manière dont le cerveau code l'information à l'aide de ses différents modes de représentation. L'enfant aura parfois un travail de traduction à faire entre deux modes, celui dans lequel est présentée l'information et celui dans lequel il se la représente dans sa tête*. C'est ce processus qui, entre autres, permet l'intégration du savoir.

Apprendre avec ses yeux

Apprendre avec ses yeux, c'est un peu comme regarder à l'intérieur de sa tête pour revoir les images qu'on a perçues ou celles qu'on a construites à partir de ce qu'on a vu, lu ou entendu. L'enfant qui a de bonnes habiletés visuelles a tendance à coder l'information sous forme d'images dans sa tête ; il retient

---

*Les stratégies décrites ci-après ont été longuement décrites par Antoine de La Garanderie. Voir Ressources, en page 265.

mieux ce qu'il a vu et les procédures qu'on lui a non seulement expliquées mais aussi démontrées à l'aide d'exemples. Il est plus sensible à la consigne «Regarde comment je fais et essaie de le revoir dans ta tête par la suite»* qu'à une consigne lui demandant simplement d'écouter. Plusieurs enfants qui ont des troubles d'apprentissage compensent ainsi leurs difficultés à comprendre les informations reçues verbalement et qu'ils n'ont comprises que partiellement.

Au moment des devoirs ou des leçons, l'enfant peut revoir dans sa tête différentes images ; par exemple, l'endroit de la classe où se tenait l'enseignant lorsqu'il a expliqué une notion et ce qu'il écrivait au tableau. En reconstruisant ainsi le «film» de l'enseignement qui a eu lieu en classe, il remet en action le processus d'apprentissage et réactive celui de la pensée. En devenant conscient de ce type d'images emmagasinées dans sa tête, l'enfant choisit peu à peu de s'en construire volontairement de nouvelles durant l'enseignement même de la notion avec l'objectif de mieux les retenir.

L'enfant doté de bonnes habiletés visuelles a avantage à utiliser des moyens ou des supports visuels pour étudier et bien assimiler ce qu'il apprend. On devrait, par exemple, l'encourager à travailler en utilisant des surligneurs et à étudier ses leçons en ayant un crayon à la main pour noter des mots clés ou faire des dessins ou schémas. Cette façon de rendre l'information visuelle lui permet de mieux se la rappeler. Il peut s'agir de mots écrits ou de dessins dans le style graffitis. Le dessin exécuté n'a en soi qu'une importance secondaire, l'essentiel résidant dans le fait que l'enfant qui se demande quel dessin faire pour retenir l'information est déjà en train d'apprendre ;

---

*Consigne proposée par Antoine de La Garanderie.

en effet, il se donne le projet de retenir l'information et il prend les moyens mentaux pour y arriver.

Cette activité mentale, activée par l'utilisation d'un moyen concret, facilite grandement l'apprentissage scolaire. On peut même faire penser à l'enfant d'enregistrer de telles images mentales durant la classe afin qu'il puisse les utiliser le soir au moment des devoirs. L'idée à retenir est la suivante : un enfant qui apprend bien avec ses yeux a avantage à se représenter visuellement l'information à traiter, soit en écrivant, soit en dessinant ou en essayant de « voir » les images dans sa tête.

Différents moyens sont à envisager lors des devoirs et des leçons pour un élève qui possède de bonnes habiletés visuelles ou qui aurait avantage à en acquérir. Ils sont donnés dans la deuxième partie de ce livre, à partir de la page 132.

À titre d'exemple, voici Pierre, 15 ans, décrocheur en puissance en raison d'échecs répétés au secondaire, malgré de nombreuses heures consacrées à ses études sans pour autant réussir à passer son examen d'histoire. Il aura suffi d'une seule leçon pour lui enseigner comment étudier toutes ces pages criblées d'informations à retenir par cœur, ce qui lui causait des échecs malgré l'intérêt qu'il portait à la matière.

Plutôt que de récrire toutes ces informations sur des fiches comme il le faisait, l'idée de dessiner des « graffitis » illustrant tout ce qu'il avait à retenir par cœur lui a plu immédiatement, d'autant que cela allait lui permettre de couper des heures d'étude infructueuses. Pierre réussit donc à schématiser toute l'information à retenir en une seule page et à retrouver au moment de l'examen les dates demandées en revoyant dans sa tête les dessins qu'il avait pris le temps de faire après la lecture de chacun des paragraphes de sa leçon. Il nous expliqua, après cet examen qu'il passa cette fois avec brio, comment lui était revenue en tête l'image d'un casque de guerre avec les dates demandées inscrites à l'intérieur. Cette feuille unique et pleine de graffitis lui a certes été utile au moment de réviser la veille de son examen ; mais c'est surtout le fait d'avoir pris le temps de traduire tous les mots de sa leçon en images qui l'a aidé à mémoriser l'information, à la coder dans son système de représentation mentale le plus efficace et à la traiter avec son mode privilégié de traitement de l'information. À partir de cela, il lui a été plus facile de saisir les détails et nuances de sa leçon ainsi que d'apprendre les termes précis qui lui ont servi à formuler correctement sa réponse. Nous reviendrons sur ces processus de traitement de l'information qui diffèrent d'une personne à l'autre.

Apprendre avec ses oreilles

Apprendre avec ses oreilles signifie que l'enfant retient mieux l'information en se rappelant ce qu'il a entendu et ce qu'on lui a expliqué plutôt que montré. Il peut être capable de réentendre le ton de la voix et la musicalité avec lesquelles la notion a été expliquée. Qu'importe la façon dont l'information a été présentée (verbalement ou non), l'enfant n'a qu'à se dire ou à réécouter dans sa tête les mots lus ou entendus. Parfois, il peut avoir directement accès à cette information si celle-ci lui a été transmise verbalement. Par contre, si l'information a été présentée de façon non verbale (visuelle ou kinesthésique), il arrive que l'enfant doive se la traduire en mots, c'est-à-dire dans son mode privilégié de représentation. Il doit s'expliquer ce qu'il voit ou ce qu'il a vu pour que l'information soit disponible au besoin dans son propre langage. Cet enfant sera plus sensible à la consigne « Écoute ce que je dis et tu essaieras de le réentendre dans ta tête par la suite »*.

---

*Consigne proposée par Antoine de La Garanderie.

Au moment des devoirs et des leçons, l'enfant peut tenter de réentendre l'explication donnée, soit avec le souvenir de la voix qui l'a véhiculée, soit en la redisant avec sa propre voix. Il apprend ainsi à se parler dans sa tête, ce qui constitue une des grandes forces du développement cognitif. Cette capacité de se parler intérieurement permet une autorégulation des pensées et des actions. C'est ainsi que les règles de toutes sortes s'intègrent chez l'individu capable de ce monologue intérieur. Plusieurs enfants qui ont des troubles d'apprentissage ou de comportement n'ont pas suffisamment d'habiletés verbales pour que ce langage intérieur puisse agir comme régulateur de la pensée et de l'action.

L'enfant qui a de bonnes habiletés visuelles met aussi en œuvre une forme de langage intérieur qui ne peut, par contre, être aussi précis que celui d'un enfant aux habiletés verbales bien développées. L'enfant doit devenir conscient de sa force sur le plan verbal pour pouvoir ensuite volontairement se redire dans ses propres mots, ou dans ceux de l'enseignant, l'information qui doit être apprise.

Lorsqu'il lit ou écrit un texte, l'enfant plus « verbal » entend vraiment un monologue ou un dialogue à l'intérieur de lui. Même les images qu'il observe avec ses yeux doivent parfois être traduites en mots et expliquées mentalement pour être mieux comprises et retenues. Pour ce type d'enfant, il peut être très utile d'étudier avec quelqu'un d'autre afin de s'entendre parler de la matière. Il peut aussi travailler avec un magnéto-phone, enregistrer un résumé de l'information apprise sur des cassettes et les écouter à l'approche des examens pour la mé-moriser. Le seul fait de raisonner verbalement sur la matière enseignée force la pensée à la cohérence et déclenche les processus de clarification des idées. Certains enfants ont donc besoin de s'entendre raisonner à voix haute pour comprendre et mettre de l'ordre dans leurs idées, quelle que soit la forme sous laquelle l'information est présentée.

Si l'enfant qui possède de bonnes habiletés verbales prend conscience de cette force, il augmente son pouvoir sur sa façon d'apprendre parce qu'il peut se donner le projet de retenir les connaissances en utilisant des moyens concrets et efficaces pour lui. Différents moyens sont à envisager lors des devoirs et des leçons pour un élève qui possède de bonnes habiletés verbales (ou qui aurait avantage à en acquérir). Ils sont donnés dans le prochain chapitre, à partir de la page 132.

Apprendre avec son corps

Apprendre avec son corps, c'est avoir besoin de manipuler concrètement, de se mettre physiquement en action ou de s'imaginer en train de le faire pour mieux comprendre. C'est se rappeler une information par le souvenir de sensations, de mouvements et d'actions, c'est-à-dire par des perceptions liées au corps, dont celles perçues par les sens du toucher, du goût et de l'odorat. Les deux derniers sens étant souvent beaucoup moins mis à contribution pour les apprentissages scolaires, nous les passerons sous silence.

Les enfants qui ont développé de telles habiletés (qu'on appelle kinesthésiques, par opposition à auditives/verbales et visuelles) sont particulièrement influencés par le climat qui règne dans la classe ainsi que par leurs émotions. En effet, les connaissances sont fixées dans la mémoire en étant souvent associées aux émotions vécues par l'enfant au moment où elles lui ont été transmises. Ainsi, il est particulièrement sensible aux climats de tension et aux plaisirs que peuvent lui procurer ses apprentissages, ses réussites. Les émotions agréables ou désa-gréables liées aux contenus sont rappelées à la mémoire en même temps que la notion elle-même, d'où l'importance d'être attentif comme parent à ce que l'enfant «dit» avec son corps, par sa posture et ses expressions faciales, pour témoigner notamment de son état intérieur. En apprenant à observer ainsi le langage non verbal, le parent peut arriver à «lire» l'état de l'enfant et à l'encourager au besoin par des moyens qui le rendent actif.

Il ne faut pas hésiter à diversifier les moyens utilisés pour permettre à l'enfant de mettre son corps en action durant l'étude. Ces moyens peuvent sembler parfois peu sérieux, mais c'est le plaisir lié à cette diversité qui aide l'enfant à apprendre. À titre d'exemple, les rythmes et la musique peuvent aider à coder une information reçue verbalement et soutenir ainsi l'apprentissage de notions présentées dans un mode qui est moins familier à l'enfant. Le plaisir rattaché à l'étude enrichit tout particulièrement le processus d'apprentissage chez ce type d'enfants.

Les jeux de rôles, les comptines, le mime et même le fait de chanter ou de danser pour scander et apprendre des connaissances à retenir sont des moyens qui s'avèrent parfois très efficaces. Les parents peuvent suggérer de faire des pauses durant l'étude afin que l'enfant puisse se lever, se dégourdir et bouger. Ils doivent même parfois accepter que l'enfant bouge en étudiant. Et s'il lui arrivait même d'éclater de rire pendant qu'il étudie, la partie serait probablement gagnée.

Chez les enfants plus actifs, les apprentissages sont souvent facilités par le fait de pouvoir se déplacer pour réfléchir et aussi par celui de prendre des pauses, de se lever et de bouger un peu à certains moments avant de se remettre à travailler. En fait, tout ce qui permet à l'enfant de faire appel à son corps et de respecter son besoin de se mettre en action (dans la mesure du possible évidemment) l'aide à mieux retenir et assimiler l'information. Une certaine tolérance sera parfois de rigueur pour les nombreux parents qui ont toujours étudié sagement assis sur une chaise.

Différents moyens pour mettre le corps à contribution lors des devoirs et des leçons seront donnés dans la deuxième partie du livre, à partir de la page 132.

Comment utiliser ces stratégies ?

Pour traiter les informations perçues et représentées mentalement grâce aux stratégies décrites précédemment, les enfants utilisent aussi des processus cognitifs qui varient selon les individus.

Il existe deux types de processus cognitifs de traitement de l'information. Les premiers sont appelés simultanés et les seconds, séquentiels. Certaines personnes ont besoin d'avoir tous les éléments devant elles pour que se mettent en branle les processus cognitifs de traitement de l'information. Ces éléments d'information doivent, de plus, être situés dans un contexte général afin qu'elles en saisissent le sens (processus simultanés). D'autres ont plutôt intérêt à découper la même information en séquences et à la traiter étape par étape pour accéder à la connaissance (processus séquentiels).

En réalité, les deux processus sont en chacun de nous et travaillent habituellement en complémentarité. Toutefois, comme c'est le cas pour le développement en général, on retrouve ici aussi des préférences individuelles. Ainsi, les enfants utilisent parfois l'un ou l'autre de ces processus et négligent le second. En proposant les deux à l'enfant, on s'assure de le rendre conscient de ses propres processus et de ceux qu'il peut consolider en y prêtant attention et en les exerçant. Ces deux types de processus de traitement de l'information se combinent aux systèmes de représentation mentale verbal (auditif) et non verbal (visuel et kinesthésique). Le fonctionnement cognitif de chaque individu est ainsi fort différent selon qu'il code et traite l'information de façon plus ou moins verbale, et de façon plus séquentielle ou simultanée*.

Traitement simultané (global) de l'information

Traiter l'information de façon simultanée, c'est se donner d'abord une vue d'ensemble d'un contenu en reconstituant un ensemble significatif à partir d'éléments isolés puis mis en relation afin de synthétiser, de résumer et de globaliser l'information par des mots clés ou des images mentales. C'est intégrer de nouvelles connaissances en faisant des comparaisons et des analogies avec celles qui ont été assimilées antérieurement. Par contre, la personne qui privilégie le traitement simultané de l'information au détriment des processus séquentiels a tendance à négliger les détails et les étapes à suivre pour effectuer une tâche, et à sauter rapidement aux conclusions. Elle procède souvent trop rapidement sans toujours accorder l'attention nécessaire aux détails et à chaque étape de la démarche.

On peut aider l'enfant à prendre conscience de sa façon simultanée ou globale de procéder et l'encourager à faire les mêmes gestes mentaux lorsqu'il a une tâche difficile à réaliser ; cela veut dire se donner une vue d'ensemble, regrouper des éléments par affinités (catégories) à partir de leurs similitudes, faire des liens, résumer l'information en une image ou en quelques mots, comparer, faire des analogies. En lecture par exemple, l'enfant a avantage à tenter d'abord d'anticiper (deviner) le sens d'un texte avant même de l'avoir lu et ce, à partir des images du livre et de connaissances déjà acquises sur le sujet. Il peut aussi être encouragé à lire d'abord le premier paragraphe du texte ainsi que le dernier afin de s'en donner une vue d'ensemble avant la lecture proprement dite. Ces moyens l'aident à être attentif au sens du texte et à compenser les erreurs de décodage qu'il peut faire en négligeant les détails.

---

*Pour en savoir plus à ce sujet, nous référons le lecteur à l'ouvrage de BÉDARD, Jean-Luc, Gilles GAGNON, Luc LACROIX et Fernand PELLERIN. *Op. cit.*

En écriture, l'enfant doit être encouragé à bien planifier dans les grandes lignes l'ensemble de sa tâche avant de commencer afin de bien en entrevoir la totalité et, ensuite, se trouver une méthode qui le mènera du point A au point B sans se perdre dans un méandre d'associations libres qui pourraient le distraire de son objectif. En mathématiques, l'enfant qui privilégie les processus simultanés a souvent l'intuition de la réponse sans pour autant parvenir à décrire la démarche utilisée pour y arriver. Il omet certains détails qui le conduisent parfois à de grossières erreurs d'attention.

En règle générale, ce type d'enfant doit se demander ce qu'est l'objectif de la tâche donnée et le garder en tête. Il a besoin de connaître le pourquoi des choses et celui de l'application d'une règle de même que de savoir en quoi l'acquisition visée peut être utile. Sa façon un peu brouillonne de travailler mène parfois à des résultats approximatifs qui manquent de précision et de structure.

Traitement séquentiel (étape par étape) de l'information

Traiter l'information en séquences signifie en scruter les éléments un à la fois et dans un ordre précis. L'enfant qui privilégie ce mode de traitement de l'information est attentif au déroulement chronologique de la tâche, analyse chaque partie du tout, l'une après l'autre, en risquant toutefois de perdre la vue d'ensemble et le sens général. Il excelle souvent dans le « par cœur », mais il peut avoir du mal à reconnaître que tel problème doit être résolu à l'aide d'une connaissance précise qu'il a déjà acquise parce qu'il a plus de mal à faire les liens nécessaires entre les domaines d'apprentissage. « L'étapiste », celui qui procède étape par étape, se limite parfois à faire des liens entre deux éléments à la fois, c'est-à-dire entre l'élément qui précède et celui qui suit, sans garder à l'esprit le déroulement global ; d'où parfois une certaine pauvreté sur le plan de la signification du savoir ainsi emmagasiné. Il sait par contre procéder avec méthode et ne néglige aucun détail. Il est aussi en mesure de repérer les détails qui permettent de différencier deux situations similaires. Il est capable de formuler un message de façon précise mais il est aussi généralement peu concis puisqu'il élabore son idée sans négliger aucun détail. Il exécute aussi les consignes de façon rigoureuse.

Un enfant qui procède de façon très séquentielle peut très bien décoder tous les mots d'un texte sans en avoir compris l'essence même. Il ne se concentre que sur les mots ou les phrases qui demeurent toutefois isolées les unes des autres dans son esprit. Un traitement trop séquentiel de l'information n'entraîne parfois qu'une simple juxtaposition de syllabes ou de mots qui n'ont pas de signification et n'évoquent pas d'images dans la tête de l'enfant; d'où l'absence de compréhension du texte, une perte d'intérêt et l'impossibilité de «deviner» les mots difficiles à décoder à l'aide du sens du texte.

En mathématiques, ce type d'enfant peut maîtriser les quatre opérations de base (addition, soustraction, multiplication, division) sans arriver à déterminer laquelle utiliser pour résoudre un problème logique. En effet, il ne saisit pas suffisamment ni le sens des opérations ni celui du problème lui-même. Il est centré sur le comment; il cherche à savoir comment appliquer les techniques, les procédures. C'est un excellent exécutant, mais ses connaissances sont parfois peu utilisables parce que trop peu signifiantes.

Un apprentissage efficace se fait par le travail complémentaire des différents processus de traitement de l'information. L'enfant qui procède de manière séquentielle doit donc être amené à situer la matière à apprendre dans un contexte général qui a du sens pour lui après en avoir analysé les parties avec ordre et méthode. De la même façon, l'enfant qui procède de manière simultanée doit être amené à bien distinguer les parties qui composent l'ensemble après s'en être fait une idée globale.

Acquérir de multiples stratégies et les combiner

L'enfant qui utilise trop souvent des stratégies du même type (verbales ou non verbales) ou qui privilégie un même mode de traitement de l'information (séquentiel ou simultané) se retrouve inévitablement en panne lorsqu'il fait face à un problème qui exige les habiletés qui sont insuffisamment développées chez lui. Pour cette raison, les parents sont bien placés, au moment des devoirs et des leçons comme dans différentes situations de la vie quotidienne, pour aider l'enfant à prendre conscience de ce qui se passe dans sa tête et de ce qu'il pourrait faire pour améliorer ses habiletés d'apprentissage. Il leur est alors utile de bien comprendre ces mécanismes pour reconnaître les moyens que l'enfant utilise spontanément (forces) et ceux qu'il n'utilise pas assez (faiblesses). Ils pourront ensuite l'encourager à les exercer à tour de rôle.

Le vrai travail mental qui permet aux connaissances de bien s'intégrer les unes aux autres se fait, d'une part, en transformant les mots en images mentales et, d'autre part, en traduisant les illustrations ou les schémas en mots, en se les expliquant, en nommant ce qui est perçu. Il faut donc encourager l'enfant à décrire ou à dessiner ce qu'il voit dans sa tête ainsi qu'à mettre des mots, les plus précis possible, sur ce qu'il a compris et perçu. En accompagnant ce jeu de transfert par des moyens qui mettent le corps en action — des gestes, des mimes, le chant ou le simple fait d'utiliser un crayon, soit pour écrire, soit pour dessiner — l'enfant intègre encore mieux ses connaissances.

L'enfant a avantage à attaquer une tâche d'abord par son processus privilégié de traitement de l'information, soit globalement (synthèse), soit en séquences (analyse). Par contre, il est essentiel qu'il utilise par la suite le processus complémentaire pour éviter que ne soient perdus les détails, les nuances et les étapes de l'activité (chez un élève qui procède de façon trop globale) ou, encore, la vue d'ensemble et le sens général de l'activité (chez l'enfant qui procède de façon trop séquentielle). Le parent doit donc encourager l'enfant à chercher le sens général de la notion à apprendre et à bien en saisir toutes les composantes, et ce par des images mentales et des raisonnements ou des éléments verbaux.

Ainsi, devant un devoir à faire ou une leçon à apprendre, il est utile de rappeler à l'enfant de :

✓ tenter de saisir le sens, le « pourquoi » de la tâche ;

✓ tenter de saisir les détails, le « comment » de la tâche ;

✓ se faire des images mentales ;

✓ mettre des mots sur ces images et s'expliquer les notions à acquérir ;

✓ compléter son étude en faisant appel à d'autres moyens (se déplacer, s'imaginer en action, manipuler concrètement, etc.).

Le parent peut faire appel à des métaphores pour faire comprendre ces outils d'apprentissage à l'enfant. Il peut comparer, par exemple, les représentations visuelles à la « télévision » que l'enfant a dans sa tête. Pour sa part, la « radio » peut servir à illustrer les représentations verbales qu'il doit réécouter ou se redire dans sa tête. L'idée d'utiliser une « loupe » pour percevoir les détails un à un et le grand angle de la caméra pour permettre une vue d'ensemble générale peut l'aider à comprendre l'importance de prêter suffisamment attention aux détails et au déroulement d'une tâche tout en prenant assez de recul pour percevoir le sens général et le contexte dans lequel ces acquis se situent. Ces images, comme bien d'autres, peuvent aider l'enfant à comprendre plus clairement les « outils » contenus dans son « coffre » et, éventuellement, l'aider à les utiliser spontanément.

La seconde partie de cet ouvrage contient de multiples exemples d'activités qui peuvent être utilisées pour mettre en œuvre ces stratégies et ces processus au cours des activités pédagogiques généralement données sous forme de devoirs et également au cours de différentes activités quotidiennes.

Comment aider l'enfant dans sa démarche d'apprentissage ?

L'inciter à se donner un projet

Tout apprentissage part de l'intention qu'on se donne au point de départ. La notion de « projet » est un élément clé dans le processus d'apprentissage. Par exemple, un enfant peut avoir le projet de « bien » lire un texte donné en devoir. Si, pour lui, « bien » lire signifie bien décoder chaque mot, il y mettra toute sa concentration, mais pourra se trouver fort dépourvu devant les questions qui seront posées sur le texte. Il n'aura pas lu avec l'intention de « comprendre » le texte. Or, même s'il en est capable sur le plan intellectuel, son activité mentale, parce qu'elle est dirigée tout autrement, l'amène à un échec dans l'exercice de compréhension de la lecture. Éventuellement, cela le conduira à des difficultés de compréhension de toute consigne dans n'importe quelle matière.

Le projet qu'on se donne face à une tâche détermine donc le sens de l'activité et oriente les processus mentaux qui sont mis en branle pour son exécution avec la finalité qu'on lui a donnée. L'intention qui guide le désir d'apprendre de l'enfant peut être multiple. En effet, il peut vouloir bien faire son devoir par plaisir tout simplement si la tâche l'intéresse, ou encore pour se donner des défis, soit ceux de bien contrôler la matière, de bien la posséder, de la comprendre et donc de pouvoir l'utiliser facilement plus tard. Il peut aussi vouloir obtenir de bonnes notes et parfois même impressionner son enseignant ou ses parents. Parfois, il peut même avoir l'intention de se débarrasser le plus vite possible de la tâche à faire, d'acheter la paix ou de ne pas être puni. Toutes les motivations sont possibles et permettent habituellement le déclenchement du processus d'apprentissage. Par contre, l'intégration à long terme des apprentissages ne peut se faire qu'à partir d'une intention « de qualité ». Parfois, celle-ci ne suffit pas à susciter suffisamment de travail mental pour que soient réellement intégrés les acquis. Ceux-ci restent alors dans la mémoire à court terme et s'oublient après l'examen ou la remise du devoir, si l'intention s'y était limitée. Ultérieurement, chaque nouvel apprentissage qui aurait alors dû se greffer à l'acquisition déjà presque oubliée sera plus difficile à faire, puisque les connaissances antérieures requises à leur intégration seront à rebâtir.

L'apprentissage se fait donc par paliers successifs comme la construction d'une maison qui nécessite des fondations stables. Chaque élément ajouté doit être imbriqué aux premiers, d'où l'importance de consolider les connaissances en prenant le temps de faire des liens entre elles — comme le ciment entre les briques d'une maison — et de les relier au projet que l'enfant s'est donné au départ.

L'enfant a besoin d'une bonne motivation scolaire de base pour réussir à l'école ; mais il doit se donner en plus de petits objectifs pour trouver une motivation particulière à chacun de ses apprentissages. Il peut se demander, par exemple, pourquoi il apprend telle notion et s'imaginer à quoi elle lui sera utile. Encore là, ce mécanisme se fait souvent inconsciemment et spontanément. Par contre, il peut parfois être nécessaire de faire cette démarche consciemment lorsque l'enfant perd de l'intérêt. On peut donc aider l'enfant à peaufiner son projet en fonction de sa propre intention et en rapport avec ce qu'on attend de lui. Ainsi, il est essentiel de l'aider à adhérer au projet que l'enseignant avait en tête en montrant cette notion. On peut ainsi discuter avec lui de ce qu'il pense être l'objectif de telle ou telle activité, l'aider à découvrir ce qu'il doit apprendre dans l'exercice et la raison pour laquelle l'enseignant l'a demandé. Le parent peut aussi émettre son opinion sur ce qu'il pense personnellement de l'utilité de cet apprentissage dans la vie quotidienne.

Outre le dialogue qui peut avoir lieu autour de cette question, l'intégration réelle de la connaissance ou de l'habileté dans la vie quotidienne peut être favorisée par des activités parent-enfant, hors du terrain purement scolaire et au cours desquelles le sens réel de cet apprentissage prendra toute sa valeur. Des exemples de ce type d'activités d'intégration dans la vie quotidienne sont donnés dans la deuxième partie, au chapitre 4.

Une fois le projet mis en place, le processus d'apprentissage proprement dit peut s'enclencher. À chaque étape, la notion de projet doit revenir pour que soit soutenue l'intention tout au long de l'activité et que le projet d'apprendre (de «mettre dans sa tête», de faire exister la matière mentalement même si elle n'est plus devant lui) soit ainsi réalisé par des actes conscients, volontaires et dirigés.

L'inciter à faire les bons gestes mentaux

La notion de projet et les gestes mentaux nécessaires pour le mener à terme ont été décrits par Antoine de La Garanderie, philosophe et pédagogue français, qui maintient qu'il n'existe aucune fatalité condamnant un enfant à l'échec dans quelque domaine que ce soit. Ses propos ne peuvent qu'aider les parents à tirer le meilleur parti de l'intelligence de leur enfant tout en le respectant comme personne unique et différente. L'essentiel n'est pas de demander à l'enfant de travailler plus ou de faire plus d'efforts ; il vaut mieux l'aider à faire autrement, plus efficacement.

Pour que l'énergie ne soit pas dépensée en vain, la volonté et le travail doivent être dirigés. Les gestes mentaux devenus conscients peuvent, avec de l'entraînement, s'effectuer correctement et orienter la démarche d'apprentissage de la même façon que, dans toute discipline sportive, le débutant doit apprendre à faire les gestes physiques nécessaires à la maîtrise de son sport.

Décider d'être attentif

Le geste mental d'attention est essentiel. Tous les parents disent à leur enfant, à un moment ou l'autre, de faire attention, d'être attentif. Devant une activité qui les intéresse vraiment, ce geste d'attention est spontané. Pourtant, même sans avoir des troubles réels de l'attention d'origine neurologique, chaque enfant éprouve à un moment donné plus de difficulté à être attentif dans une matière ou une autre. Pourquoi ? Parfois faute d'intérêt, parfois à cause du stress généré par la tâche elle-même et parfois, enfin, tout simplement parce qu'on lui demande d'être attentif sans lui avoir enseigné comment l'être. Il arrive souvent que l'enfant tente d'être attentif, en se répétant qu'il doit l'être, mais sans pouvoir diriger son attention sur l'objet d'apprentissage, faute de moyens. En fait, il ne demeure attentif qu'à cette consigne. Or, l'attention est le geste par lequel l'enfant transforme en « évocations » ce qu'il perçoit par ses sens (la vue, l'ouïe, le toucher, l'odorat, le goût).

Quand le geste d'attention n'est pas spontané parce qu'il demande un effort pour le soutenir, on parle de concentration.

Cette capacité de faire un effort soutenu pour maintenir l'attention est régie par les forces internes de l'enfant, c'est-à-dire par sa volonté d'apprendre (motivation liée au projet d'apprendre), sa confiance et sa détermination. Pour assimiler correctement ce qu'il voit ou entend, l'enfant doit avoir le projet de faire exister dans sa tête ce qu'il perçoit. Il doit donc regarder ou écouter avec l'intention de revoir ou de se redire dans sa tête ce qu'il a vu ou entendu, selon le style d'apprentissage qui lui est propre. Il perçoit l'information en choisissant de s'en faire une représentation mentale, c'est-à-dire en la faisant exister dans sa tête même si l'objet de perception n'est plus présent. Il forge alors ses propres évocations mentales qui l'aideront à intégrer les connaissances.

Prendre la peine d'enseigner ou de montrer à l'enfant comment faire pour être attentif et comment maintenir une bonne concentration l'aide à le faire consciemment et volontairement au moment opportun. Il est clair, cependant, que l'enfant décide d'être attentif ou de se concentrer lorsqu'il a choisi d'apprendre la matière en question. Certains enfants manquent de concentration parce qu'ils se laissent distraire par tous les stimuli externes présents dans leur environnement plutôt que de ne se centrer que sur la tâche elle-même. Ils sont encore attentifs, mais l'objet de leur attention est mal ciblé, que ce soit faute de motivation et de confiance ou pour des raisons neurologiques dont nous discuterons dans la dernière partie de cet ouvrage.

Évoquer pour mieux retenir

La mémorisation est possible quand l'enfant décide de retenir l'information dans sa tête dans le but de la réutiliser plus tard. Il doit regarder ou écouter (percevoir l'information) avec le projet de faire exister dans sa tête l'information, tout en s'imaginant dans la situation où il devra l'utiliser. En effet, la mémorisation est activée par l'idée d'avoir à retrouver l'information au moment opportun. L'enfant évoque l'information au moment où il reconstruit dans sa tête l'objet perçu (vu ou entendu), et c'est ce qui lui permet de le mettre en mémoire. Les meilleurs conteurs d'histoires drôles sont ceux qui, en écoutant une blague, s'imaginent déjà en train de la raconter à d'autres. De la même façon, on ne retient bien un numéro de téléphone que si on a l'intention de s'en servir un jour. Pour ce faire, il est essentiel de l'évoquer soi-même, soit en se le répétant avec un certain rythme (comme la plupart des gens le font), soit en l'imaginant écrit ou en associant des idées aux nombres qui le composent lorsque cela est possible (moyens mnémotechniques) :

Exemples :   **246-2212** est le numéro de téléphone à retenir

246 (les premiers chiffres pairs), **22** (le nombre d'enfants dans la classe) et **12** (le nombre de mois dans une année)

ou

527-3726 est le numéro de téléphone à retenir

5 comme les 5 doigts de la main, **2** parce que j'ai 2 mains et **5 + 2 = 7 (527)**

37, l'âge de ma mère, **26**, le nombre d'enfants dans ma classe

Tous les moyens sont bons dans la mesure où le travail d'évocation se fait activement et dans un but précis.

Réfléchir pour mieux comprendre

Comprendre, comme réfléchir, c'est s'approprier le sens, c'est intégrer les nouvelles connaissances à celles déjà acquises. C'est faire des liens avec ce qu'on sait déjà. C'est pouvoir appliquer la règle à une situation donnée et c'est aussi pouvoir l'expliquer. C'est pouvoir traduire ce qu'on a perçu dans son propre langage mental (en mots ou en images). C'est ensuite confronter cette traduction à la réalité, en percevoir les différences et les similitudes, pour l'ajuster si nécessaire.

En réfléchissant, l'enfant fait donc revenir mentalement les connaissances, les images, les mots, les phrases, les concepts déjà emmagasinés pour les lier et les comparer à ceux qui sont à acquérir, à intégrer à son système de connaissances. Le parent doit donc encourager l'enfant à puiser dans les connaissances acquises antérieurement pour l'aider à faire des liens avec ce qu'il apprend présentement. Plus l'enfant pourra faire de liens, plus les acquisitions seront solides et prendront un sens tout naturel dans son savoir. Des connaissances acquises par cœur, sans ce travail actif de la pensée, risquent de rester des unités détachées de situations signifiantes. Elles peuvent être stockées en mémoire, mais l'enfant ne saura pas nécessairement où ni comment aller les chercher si elles ne sont pas porteuses de sens et bien ancrées dans une catégorie ou un système de connaissances.

Réfléchir, c'est donc faire des allers et retours entre ce qu'on a intégré et parfois traduit dans son propre langage et la notion qui devait être apprise pour vérifier l'exactitude des acquisitions ainsi faites et les ajuster au besoin.

Imaginer pour mieux intégrer

L'imagination est déclenchée par le projet mental qu'on se donne en percevant la nouvelle information. Si le projet, au-delà de répéter la leçon par cœur, consiste pour l'enfant à faire siennes les nouvelles connaissances en les traduisant dans ses propres mots, avec ses propres images et les liens bien personnels qu'il fait, avec l'objectif de les utiliser dans un proche avenir, alors l'imagination se met en branle et permet une bonne intégration de la connaissance à celles qu'il possède déjà. S'autoriser à être créatif, aller au-delà de la tâche avec des mots et des phrases à soi, avec des images qu'on a construites soi-même, c'est mettre en marche la «machine à penser» au moment même où l'information est présentée, le plus souvent en classe.

Un enfant encouragé à penser de façon très personnelle dans sa tête, à faire des liens, à porter des jugements et à écouter ceux des autres ne se trouve pas dépourvu devant des activités où on lui demande son avis sur telle ou telle question qui fait l'objet de l'étude ou du travail à accomplir. Les connaissances sont utiles dans la mesure où l'on peut s'en détacher en les transformant pour les modeler selon notre propre univers, selon notre propre représentation du monde.

En résumé

Chacun réussit bien dans certains domaines et moins bien dans d'autres. Comme nous l'avons déjà mentionné, l'attention et la concentration partent de l'intention et orientent par la suite la succession des gestes mentaux qui mènent à l'acquisition de nouvelles connaissances. Dans une même journée, nous sommes exposés à d'innombrables stimuli, tant visuels qu'auditifs. La plupart sont perçus, mais ne sont pas enregistrés dans la mémoire parce qu'on n'a pas été suffisamment attentif et qu'on n'a pas choisi de s'y concentrer dans le but de les retenir ou tout au moins de les comprendre. En effet, alors que le geste d'attention est souvent spontané, celui de concentration se doit d'être volontaire et programmé par le projet que l'enfant s'est donné parce que c'est lui qui aidera l'enfant à y mettre une attention soutenue (ce qu'on appelle ici la concentration). Celui-ci doit choisir de mettre dans sa tête les connaissances qui lui sont proposées et de les faire exister même lorsqu'il ne les verra ou ne les entendra plus.

Antoine de La Garanderie suggère de dire à l'enfant :
« Regarde pour revoir dans ta tête » ou « Écoute pour réentendre dans ta tête ». C'est ce qu'on appelle se « représenter »
l'information mentalement. L'enfant n'a plus le stimulus
devant lui, il doit se le « re-présenter » dans sa tête. L'image
ainsi construite ou les mots ainsi réécoutés deviennent des
« évocations ». Il doit ensuite vérifier si l'image qu'il s'est donnée ou les phrases qu'il s'est dites correspondent fidèlement
à la réalité. Au besoin, il doit les revoir pour mémoriser
ensuite le contenu exact.

Ce travail de transition entre l'objet perçu et la représentation mentale, c'est l'activité mentale qui est nécessaire à
l'intégration réelle des connaissances. Il ne peut se faire
qu'après avoir fait le choix de soutenir son attention et donc
de se concentrer et après avoir compris comment le faire. On
comprend alors la nuance importante qui réside entre voir et
regarder, puis entre entendre et écouter.

Une erreur commise trop souvent, tant par les parents
que par les enseignants, consiste à ne pas laisser à l'enfant le
temps d'évoquer. Il est indispensable que l'enfant fasse ce
travail de traduction lui-même, dans sa tête, avec ses propres
mots et ses propres images. Souvent, on lui demande de
répondre trop vite et il prend l'habitude de le faire de manière impulsive, sans prendre le temps de faire revenir dans
sa tête le savoir qu'il doit s'approprier. Il faut aussi éviter de
répondre trop vite aux questions de l'enfant et l'encourager
plutôt à regarder ou à réentendre dans sa tête pour qu'il
puisse comprendre le plus possible par lui-même. Il est aussi
préférable d'éviter de lui demander de nous regarder quand
il réfléchit, s'il ne le fait pas spontanément. Lorsqu'on réfléchit
vraiment, le regard a besoin de pouvoir être mobile ; c'est
souvent le signe d'un vrai travail mental.

L'enfant doit décider d'être attentif pour bien se concentrer, mais il doit aussi apprendre comment l'être. Rien ne sert

de lui répéter constamment de faire attention, d'être attentif. Il risque alors de n'être attentif qu'à cette consigne sans utiliser son énergie pour faire sienne la connaissance. En apprenant comment s'y prendre et en l'expérimentant parfois dans d'autres activités que dans les tâches scolaires, l'enfant peut prendre conscience du degré de contrôle et du pouvoir qu'il peut exercer sur sa pensée, sur sa vie mentale.

À partir de projets précis et de différentes modalités sensorielles, visuelles (ce que je vois dans ma tête), auditives (ce que j'entends dans ma tête), verbales (ce que je me dis dans ma tête) ou kinesthésiques (ce dont je me souviens avec mon corps ou les gestes que j'ai posés), il y a bien des façons d'être attentif et d'emmagasiner l'information. Aux enfants plus jeunes (premier cycle du primaire), on peut dire : « Regarde (ou écoute) en essayant de voir dans ta tête ce que tu as vu (ou ce que tu as entendu). » Aux plus âgés (à partir du deuxième cycle du primaire), on peut dire : « Regarde (ou écoute) en essayant de faire exister dans ta tête ce que tu as vu (ou entendu). »

Le parent peut donc suggérer à l'enfant de s'exercer à jouer avec des images mentales (les voir, les entendre, les fixer puis les transformer) dans des activités non scolaires ; par exemple, pour apprendre des numéros de téléphone, des chansons, des poèmes, des listes d'épicerie, etc. Ce type d'activités permettra à l'enfant de prendre conscience de ses façons d'apprendre et aux parents d'observer ses forces afin de les lui rappeler lors d'une tâche scolaire qu'il aura à faire.

Par exemple, l'enfant qui étudie ses mots de vocabulaire doit être encouragé à les revoir dans sa tête tels qu'il les a vus écrits, ou à réentendre l'enseignant ou le parent les lui épeler. Il peut aussi se dire lui-même les lettres qui composent un mot en le découpant d'abord en syllabes au besoin et les réentendre dans sa tête par la suite. Selon qu'il traite l'information de façon plus simultanée (globale) ou de façon séquentielle (par étapes), il peut se représenter le mot en entier avec sa « gestalt » (forme) qui ressemblerait à une image ou à la forme d'un autre mot qui lui ressemble ; il peut aussi le découper en petites unités (syllabes) pour en apprendre chaque partie, soit en les associant à des souvenirs visuels (autres mots, forme de la syllabe) ou, encore, en épelant chaque syllabe séparément.

L'idée est d'aider l'écolier en misant sur les forces (moyens spontanés) qu'on a observées et de l'encourager à varier ses types d'évocations, à y ajouter d'autres façons dont celles du parent ou celles montrées par l'enseignant. Il s'agit de créer l'habitude d'une jonglerie mentale, sorte de va-et-vient entre les mots et les images, puis entre les parties et le tout. De cette façon, l'écolier a plus de chances d'intégrer la connaissance en misant à la fois sur ses modes privilégiés de traitement de l'information et sur d'autres modes auxquels il s'est exercé. Il a ainsi plus d'une corde à son arc.

À RETENIR

- Aider l'enfant dans sa façon de s'y prendre pour arriver à ses fins plutôt que de ne se préoccuper que du contenu de la tâche.

- S'entraîner avec l'enfant à observer les moyens d'apprendre de chacun, à les reconnaître, à les nommer et à les pratiquer.

- Se rappeler que chacun construit sa propre « maison mentale » (connaissances) à partir de stratégies d'apprentissage diversifiées et que l'intégration des connaissances se fait par un processus actif, volontaire et personnel.

- Ne pas oublier que trop aider est aussi nuisible qu'aider trop peu.

- Encourager la recherche de solutions et de moyens diversifiés.

- Varier ses propres moyens d'aider l'enfant: fournir des explications verbales ou imagées (schémas, dessins, mots clés), donner des exemples, chercher des différences et des similitudes, faire des liens avec des connaissances antérieures, démontrer l'utilité de la notion à acquérir ou la faire découvrir à l'enfant.

- Utiliser des mots faisant appel aux différents sens qui doivent être mis à contribution: «regarde», «écoute», «imagine-toi en train de...».

- Permettre à l'enfant de faire des liens, même s'il peut parfois sembler se distraire de la tâche.

ATTENTION À...

- Ne pas imposer ses propres façons de faire à l'enfant.

- Ne pas simplement demander de faire plus, mais suggérer surtout de faire autrement et plus efficacement.

- Ne pas suggérer les réponses, mais encourager surtout la recherche de solutions.

- Ne pas bousculer l'enfant dans son travail de réflexion, car celui-ci nécessite du temps.

- Ne pas forcer l'apprentissage; lorsque celui-ci est difficile, la réponse n'est jamais dans la pression parentale exercée indûment mais plutôt dans la recherche de solutions différentes pour lesquelles il faudra, dans certains cas, consulter avant que l'école ne devienne un cauchemar pour l'enfant comme pour ses parents.

QUOI FAIRE AU QUOTIDIEN ?

▼

Le climat affectif qui devrait régner au retour de l'école et les méthodes éducatives permettant d'accompagner l'enfant dans sa démarche d'apprentissage ont été décrits dans la première partie de ce livre. Voyons maintenant comment aider l'enfant à intégrer dans son quotidien les connaissances et les habiletés acquises à l'école. C'est, à notre avis, la seule façon de rendre ces apprentissages signifiants et de faire de l'acte d'apprendre un geste naturel et plaisant.

Cette deuxième partie suggère aux parents des moyens concrets pour favoriser l'apprentissage. Elle présente, à titre d'exemples, des moyens pour mettre en pratique les principes de base établis tant pour l'heure des devoirs et des leçons que pour les activités de la vie quotidienne. En effet, de nombreuses activités peuvent être faites avec les enfants pour les aider à consolider les notions apprises à l'école tout en évitant de refaire la leçon et de forcer l'apprentissage. En réfléchissant aux innombrables possibilités de faire des liens entre les connaissances et la vie courante, les parents encourageront l'enfant à acquérir une plus grande autonomie intellectuelle, à garder en éveil sa curiosité et à donner un sens aux apprentissages faits à l'école. Ils peuvent du même coup enrichir leur relation avec l'enfant sur le plan pédagogique et favoriser sa réussite scolaire et sociale en lui transmettant la valeur de l'apprentissage comprise dans son sens large.

Les activités et les jeux complémentaires proposés sont autant de moyens pour poursuivre l'intégration des connaissances de l'enfant à son bagage intellectuel en les ancrant dans la réalité quotidienne. Ils ne seront profitables que s'ils se déroulent dans un climat détendu, à un moment où parents et enfants ont envie d'y participer. Sans cela, le risque de voir réapparaître les conflits est grand, ce qui viendra inévitablement contrecarrer l'objectif visé.

Chapitre 3

Des principes
à mettre en pratique

▼

Des attitudes à privilégier

La confiance

- Prendre le temps d'observer et de nommer ce qui va bien et non seulement ce qui ne va pas.
- Rappeler à l'enfant ses succès antérieurs, particulièrement ceux qui sont survenus après qu'il ait surmonté des difficultés.
- Recourir parfois à l'humour pour dédramatiser certaines situations, à condition que l'enfant l'apprécie évidemment, et qu'il n'ait jamais l'impression que vous vous moquez de lui.
- Encourager l'enfant à s'imaginer en situation de réussite.
- Tolérer l'erreur; éviter de le reprendre chaque fois qu'il se trompe (en lecture par exemple).
- Lui laisser le temps de réfléchir.
- Valoriser ses efforts ainsi que ses progrès au regard de son cheminement individuel plutôt qu'en fonction de ses seuls résultats scolaires.

L'intérêt

- Aider l'enfant à préciser son projet d'apprentissage.

- Lui faire établir des liens avec ses connaissances antérieures.
- Lui faire découvrir l'utilité, dans la vie quotidienne, des notions qu'il a à étudier.
- L'inviter à laisser libre cours à son imagination, aux associations d'idées, à la créativité suscitée par la tâche.
- Lui permettre de prendre des initiatives.
- Lui proposer des jeux qui ont des liens avec les acquisitions scolaires.
- Lui confier des responsabilités qui lui permettront de mettre ses nouvelles habiletés à profit à la maison et de se sentir utile.
- En tant que parent, s'intéresser à ce que l'enfant apprend et aux moyens qu'il utilise pour acquérir de nouvelles connaissances.
- Éviter l'intrusion dans la vie scolaire de l'enfant et se rappeler que l'école, c'est d'abord et avant tout son affaire.

Le sens des responsabilités

- Encourager l'enfant à se débrouiller seul tant qu'il le peut.
- L'aider à assumer ses choix.
- L'aider à vivre les conséquences de ses erreurs et à en tirer profit le plus possible.
- Lui accorder des privilèges en relation avec les responsabilités qu'il assume.
- L'encourager à aller chercher de l'aide auprès des personnes-ressources à l'école.
- Éviter le plus souvent possible de résoudre les problèmes à sa place. Proposer des moyens, mais sans trop insister pour qu'il les utilise s'il ne le veut pas.

- L'encourager à demander qu'on lui explique une notion ou une procédure en recourant à un exemple quand il ne comprend pas ce qui lui est expliqué verbalement.

- L'encourager à s'organiser et à prévoir apporter tout ce dont il aura besoin pour faire ses travaux scolaires.

- Lui donner des responsabilités quotidiennes à la maison afin qu'il puisse s'y sentir utile ; vous éviterez de cette façon que les manifestations normales d'opposition que l'enfant vit au cours de son développement ne se manifestent qu'autour des questions liées aux études, ce qui arrive quand l'enfant comprend que l'école est la seule chose qui compte pour ses parents.

L'autonomie

- Avant même l'entrée à la maternelle et tout au long du primaire, l'encourager à terminer ce qu'il entreprend, à faire ses demandes lui-même à qui de droit, à choisir ses vêtements pour le lendemain et à exprimer ses besoins, désirs, peines et frustrations à ceux qui pourront lui répondre. Encourager aussi ses initiatives et ses gestes d'autonomie ; par exemple, le laisser répondre au téléphone et, s'il en est capable, remplir les formulaires où sont demandées les coordonnées de la famille (numéro de téléphone, adresse, etc.).

- Lui permettre de faire ses propres choix le plus souvent possible.

- Encourager l'enfant à essayer de faire seul le plus de choses possible et à ne demander votre aide qu'au besoin.

- Pour les plus jeunes enfants ou ceux qui éprouvent plus de difficultés, faire un bout de son devoir verbalement avec lui et lui demander ensuite de poursuivre et de le terminer seul.

- L'encourager à profiter des ressources disponibles à l'école et à la maison pour qu'il puisse avancer dans sa recherche de solutions (ouvrages de référence, personnel de l'école, amis, etc.).

- Organiser un horaire régulier de travail tant pour ses travaux scolaires que pour ses responsabilités personnelles afin qu'il acquiert ses propres repères et s'arrange le mieux possible par lui-même.

- Éviter de vous asseoir à ses côtés pour toute la durée des devoirs et des leçons.

- S'il le faut, aider l'enfant à se mettre au travail, mais s'éclipser rapidement en lui mentionnant tout de même votre disponibilité.

- Valoriser ses efforts de débrouillardise.

- Profiter du répit que vous procure son autonomie croissante pour vaquer à vos propres occupations. Vous serez ainsi plus disponible pour partager avec lui une activité de loisir lorsqu'il aura terminé ses travaux.

- L'aider, avant qu'il commence à accomplir ses tâches scolaires, à planifier sa manière de procéder (le comment).

- Favoriser le plus possible la recherche autonome de solutions à différents problèmes.

- L'inscrire aux périodes d'étude ou d'aide aux devoirs quand ce service est disponible à l'école qu'il fréquente ou lui demander de commencer ses devoirs chez sa gardienne si tel est le cas. Cela lui permettra de faire tout ce qu'il peut réaliser par lui-même avant de rentrer à la maison. Il est important de s'assurer que les tiers qui s'impliquent auprès de votre enfant au cours de cette période ne tombent pas eux-mêmes dans le piège dont vous tentez de sortir. Prendre le temps de bien leur expliquer que vous n'attendez d'eux qu'une aide ponctuelle.

La persévérance

- Encourager l'enfant à terminer ce qu'il a commencé ; par exemple, à ne pas abandonner avant terme une activité parascolaire dans laquelle il s'est engagé (sauf si cela est absolument nécessaire).

- Encourager l'enfant à planifier ses travaux afin qu'il en franchisse une à une toutes les étapes sans se décourager. Utiliser l'image d'un escalier qu'on ne peut monter qu'une marche à la fois si l'on veut se rendre jusqu'en haut.

- Valoriser sa démarche à différentes étapes de son travail pour l'aider à voir qu'il avance même si tout n'est pas terminé.

- Être présent dans les moments où il peut avoir envie de démissionner, l'aider à se remettre en train en lui signifiant que vous reviendrez régulièrement voir où il en est et lui offrir votre aide s'il en a besoin.

- Lui rappeler le projet qu'il s'est donné au départ par rapport à ce travail ou l'aider à s'en donner un si cette étape n'a pas été franchie ou suffisamment élaborée.

- Lui faire penser aux moments de plaisir que vous partagerez avec lui lorsqu'il aura terminé.

- L'encourager à s'imaginer en train de réussir sa tâche ou l'examen auquel il se prépare et en train de réutiliser les connaissances ainsi acquises dans un avenir plus ou moins proche.

- L'encourager à faire seul son devoir, en tout ou en partie, tout en lui offrant votre présence au terme de ce moment d'autonomie. Ainsi, il n'aura pas à faire appel à la dépendance pour qu'on s'intéresse à ce qu'il fait.

Des stratégies à utiliser

- Encourager l'enfant à :
    - découvrir ses propres façons d'apprendre ;
    - planifier ses actions avant de commencer ;
    - prévoir ce à quoi il devra être attentif au cours de la tâche ;
    - rechercher ses propres solutions ;
    - mettre au point différentes façons d'apprendre ;
    - varier ses méthodes d'apprentissage et les combiner (regarder, écouter, agir) ;
    - vérifier son travail lorsqu'il a terminé ;
    - évaluer si ses attitudes face à la tâche étaient favorables ;
    - faire des liens entre ses connaissances ;
    - prendre conscience de ses forces et de ses points faibles afin qu'il se connaisse mieux et qu'il acquiert ainsi le sentiment d'avoir un certain pouvoir sur ses habiletés d'apprentissage.

- Ne pas oublier d'utiliser la plus grande partie du temps passé avec l'enfant qui fait ses travaux scolaires pour discuter des moyens dont il se sert plutôt que de s'occuper seulement du contenu qu'il doit apprendre.

- Ne pas s'empresser de répondre lorsqu'il pose une question, mais l'inciter à chercher des pistes de réponse dans sa tête. Lui demander d'abord de vous dire ce qu'il en pense lui-même, de vous expliquer ce qu'il comprend du problème même lorsqu'il a l'impression de n'y rien comprendre, de tenter de revoir dans sa tête ou de réentendre les explications que l'enseignant lui a déjà données à cet effet.

- Lui dire comment vous vous y prendriez pour résoudre le problème ou apprendre la leçon. Proposez cette façon de faire sans vous imposer comme modèle.

- Réfléchir à voix haute devant lui ou lui proposer un exemple écrit de ce que vous feriez à sa place plutôt que de répondre trop directement à sa question. L'idée est de permettre aux processus mentaux de se remettre en marche.

Des moyens pour s'organiser

- Planifier avec l'enfant l'heure à laquelle se font les devoirs et les leçons en lui donnant des choix pour qu'il ait envie de se les approprier par la suite et pour éviter qu'il ne vive l'heure des travaux scolaires comme une période de contrôle de votre part. Il peut parfois s'agir d'un « faux » choix tel que nous l'avons mentionné précédemment.

- Planifier aussi le temps qu'il doit consacrer aux devoirs et aux leçons en vous fiant à la fois aux estimations de l'enseignant et au rythme de votre enfant. Ne tolérez pas que cette période s'étire indûment, mais discutez avec lui du temps qui devrait être alloué aux travaux scolaires pour ensuite ne plus en déroger à moins de circonstances exceptionnelles.

- Si l'enfant ne parvient pas à terminer son travail dans le temps convenu, il faut tenter de comprendre pourquoi. Il peut avoir des difficultés réelles dont il faut discuter avec l'enseignant ou avoir intérêt à étirer la période des devoirs et des leçons afin, par exemple, de pouvoir rester plus longtemps avec ses parents. Dans les deux cas, il convient de fixer une limite afin qu'une période de loisir soit possible entre vous et lui avant qu'il aille dormir. L'enseignant pourra peut-être vous aider à trouver des moyens pour remédier à la situation; quoiqu'il en soit, il ne faut jamais accepter que l'enfant soit condamné à des heures interminables de travaux scolaires qui minent autant sa motivation scolaire que vos relations familiales.

- Il peut parfois être utile de diviser la période des travaux scolaires en deux temps, surtout pour un enfant qui éprouve de la difficulté à se concentrer; soit avant et après le repas, soit au retour de l'école et le lendemain matin s'il se lève tôt et que l'organisation familiale le permet.

- Une fois l'horaire établi, il est souhaitable que l'enfant gère lui-même son temps et qu'il dispose d'une montre ou d'un cadran pour le respecter. En faire une routine dont il n'est possible de déroger qu'en de très rares occasions.

- Pour les travaux à long terme, l'aider à échelonner son travail et à le répartir dans le temps en utilisant un agenda ou un calendrier.

- Lui fournir un cahier d'étude qui lui servira à inventer ses propres exemples, à écrire, à dessiner, à calculer, à schématiser, bref à étudier!

- Lui offrir un calendrier sur lequel il peut inscrire ses échéances: examens ou remise de travaux.

- Lorsque les travaux de la semaine sont notés, le lundi par exemple, aider l'enfant à planifier ce qu'il fera chaque soir en lui suggérant de commencer par les plus difficiles. Il pourra ainsi poser toutes les questions nécessaires à l'enseignant au courant de la semaine.

- L'aider aussi à étaler ses leçons sur toute la semaine afin qu'il n'ait qu'à les réviser la veille de l'examen ou de la dictée.

- Lui trouver un endroit calme où faire ses devoirs. Certains enfants ont besoin d'un endroit retiré alors que d'autres préfèrent la table de la cuisine. Déterminer ce qui lui convient le mieux, tout en tenant compte de votre réalité familiale. La cuisine n'est pas toujours l'endroit idéal lorsqu'on est plusieurs dans une maison et que le moment choisi pour les travaux scolaires correspond à l'heure de la préparation des repas. Pour les plus jeunes en tout début de scolarité, c'est encore bien souvent l'endroit privilégié, quitte à lui donner un lieu plus propice dès qu'il sera un peu plus autonome.

- L'endroit choisi doit être bien éclairé, préférablement par une petite lampe placée à la gauche de l'enfant s'il est droitier, afin d'éviter que la main ne fasse de l'ombre sur son travail. Le bureau sur lequel l'enfant travaille ne doit pas être plus haut que sa cage thoracique. Aussi, il vaut mieux éviter de placer l'ordinateur dans la même pièce que celle où l'enfant étudie pour éviter qu'il soit tenté de s'y distraire.

- Ne pas permettre à l'enfant de faire ses devoirs devant le téléviseur. S'il est un fanatique des émissions de télévision, il choisit celle qu'il veut regarder et planifie l'heure de ses travaux scolaires en conséquence, établissant ainsi un équilibre entre ses responsabilités scolaires et ce loisir.

- Adopter une attitude plus souple pour le choix de l'endroit où il fait ses lectures. Plusieurs enfants adorent lire dans leur lit, surtout si ça leur permet de repousser un peu l'heure du coucher ; c'est un bon incitatif à la lecture et une bonne habitude à prendre.

- Préparer un cahier ou un fichier dans lequel vous noterez différentes activités ludiques complémentaires que vous pouvez faire avec lui en lien avec les apprentissages scolaires et ce, dans le but de ne pas être en panne d'idées lorsque vous voudrez en proposer.

- Inciter l'enfant à utiliser une méthode d'autorégulation qui l'entraîne à voir chaque tâche comme une procédure en quatre étapes :
  - définition de l'objectif de la tâche (but final) ;
  - planification de la procédure (étapes : opérations et moyens à utiliser) ;

- exécution ;

- évaluation des résultats.

• Encourager l'enfant à s'exercer dans différentes tâches autres
que scolaires. Ce faisant, lui faire prendre conscience des
similitudes qui existent entre nos façons de faire quand on
entreprend un projet (par exemple, un modèle à construire)
et une tâche scolaire (par exemple, écrire un texte). Prendre
le temps de planifier après s'être mis en tête l'objectif de
l'activité à entreprendre ; cela en facilite généralement l'exécution que l'on valide par la suite en fonction de l'atteinte
ou non de l'objectif de départ. Plus simplement, on peut
inscrire sur un carton qui sera affiché à la vue de l'enfant ces
quatre étapes qu'on peut résumer en quatre mots : pourquoi,
comment, faire et vérifier.

Chapitre 4

Apprendre, jouer, consolider

▼

Dans ce chapitre, nous présenterons différentes façons de favoriser les apprentissages de l'enfant en proposant plusieurs moyens et activités qui ont pour but d'améliorer ses connaissances et habiletés ; pour ce faire, nous déborderons du cadre scolaire et insisterons sur les moyens de faire autrement plutôt qu'un peu plus.

Il nous faut rappeler ici les mises en garde faites au début de cet ouvrage ; ces stratégies ne peuvent fonctionner que si elles sont utilisées en regard des principes de base illustrés dans la première partie. Les utiliser afin que l'enfant fasse plus de travail ne sera utile à personne et, au contraire, cela pourrait contribuer à engendrer une fermeture encore plus importante de l'enfant face aux apprentissages.

Nous aborderons d'abord les connaissances usuelles que tout enfant devrait posséder pour mieux intégrer les contenus scolaires. Par la suite, nous proposerons une série de stratégies pour l'aider à apprendre à partir de son style cognitif privilégié et à développer celles qui le seraient moins. Finalement, nous suggérerons différentes activités ludiques qui ont pour objectif de consolider les habiletés cognitives et les apprentissages scolaires en les intégrant au quotidien de l'enfant. Il s'agit, à notre avis, de la meilleure façon de rendre les apprentissages scolaires signifiants puisque leur utilisation dans des contextes différents permet d'automatiser les acquis qui, sans cela, peuvent parfois demeurer trop « intellectualisés » et difficilement utilisables, c'est-à-dire transférables et généralisables.

Les connaissances usuelles : base des apprentissages

Les connaissances acquises à la maison se marient au jour le jour à celles qui sont vues à l'école et vice versa. Sans chercher à faire de l'enfant un petit savant, il faut profiter des occasions qui se présentent au quotidien pour lui inculquer des connaissances de base et des notions qui l'aideront dans ses premiers apprentissages scolaires.

Voici quelques-unes de ces notions et quelques moyens pour les enseigner.

- La date et le lieu de naissance de l'enfant : l'aider à se constituer un petit album de photos bien à lui contenant sa propre histoire et y mettre quelques annotations lui rappelant cette information.

- Son adresse et son numéro de téléphone : lui enseigner ces coordonnées très tôt et lui permettre de les écrire lui-même chaque fois que c'est nécessaire, dès qu'il parvient à les orthographier lisiblement.

- Les jours de la semaine, les mois de l'année, les saisons, les dates des fêtes annuelles : fabriquer avec lui un calendrier sur lequel ces repères de temps sont clairement illustrés et où il peut inscrire les dates des anniversaires qui sont importants pour lui.

- Lire l'heure sur des cadrans numériques ou analogiques. Lui offrir sa première montre ou un petit cadran même s'il ne sait pas encore lire l'heure et profiter de l'occasion pour lui enseigner les repères temporels qui peuvent lui être utiles ; par exemple, l'heure à laquelle il doit revenir à la maison, l'heure de débuter et de terminer ses devoirs, celle de ses émissions préférées, etc. À 7 ans, un enfant devrait pouvoir lire l'heure à un quart d'heure près. Il est important que l'enfant ait un cadran à aiguilles pour apprendre la notion de durée. En effet, un cadran digital ne permet pas à l'enfant de prendre conscience « visuellement » du temps écoulé. On peut aussi faciliter cet apprentissage en s'amusant à estimer le passage du temps. Il s'agit, par exemple, de chronométrer une minute en observant le silence pour bien sentir ce que ce laps de temps représente. On peut aussi battre les secondes qui défilent sur un cadran digital en frappant des mains. De plus, il existe plusieurs expressions courantes qui font référence à ces notions de durée et avec lesquelles on peut apprendre à l'enfant la valeur du temps : « Une seconde, j'arrive ! », « Une minute s'il vous plaît ! », « Ça fait une heure que je t'attends ! », « Il y a des lunes qu'on ne s'est pas parlé ! ».

- Des notions temporelles et spatiales à l'aide d'histoires et lors de conversations : aujourd'hui, hier, demain, avant-hier, après-demain, dessus, dessous, devant, derrière, à droite, à gauche, à travers, etc.

- Identifier les pièces de monnaie.

- Les liens de parenté qui existent entre les gens : construire son propre arbre généalogique avec des photos et par des jeux de devinettes. Par exemple, lui demander « Quel lien de parenté le fils du mari de ta tante a-t-il par rapport à toi ? »

- Les métiers, les actions et les outils qui s'y rapportent : lors de sorties familiales ou de simples conversations, lui faire remarquer que le monde qui l'entoure est constitué de gens qui travaillent, qui fabriquent des choses ou qui rendent des services, et qu'il y a des mots précis pour nommer ce qu'ils font.

• Identifier suffisamment les services communautaires pour qu'il puisse répondre à la question : Où faut-il aller quand… : on est gravement malade (hôpital), on veut se faire couper les cheveux (coiffeur), on veut voir des animaux (zoo), acheter de la nourriture (magasin d'alimentation), emprunter un livre (bibliothèque), acheter des timbres-poste (bureau de poste), etc.

Stratégies cognitives, devoirs et leçons

Tous les enfants ont avantage à combiner différentes stratégies pour bien apprendre :

visuelles   *verbales ou auditives*   *kinesthésiques*

Il ne s'agit pas de demander à l'enfant d'utiliser tous les moyens présentés dans les pages suivantes. En en choisissant certains dans chacune des catégories et en les utilisant tour à tour, il trouvera ceux qui lui conviennent le mieux. Loin de vouloir faire des parents des spécialistes des moyens d'apprendre, ces stratégies sont proposées dans le but d'offrir aux enfants des moyens variés qui puissent les aider à sortir de l'impasse lorsqu'ils semblent en panne devant un devoir ou une leçon particulière. Les parents sont donc invités à suggérer certaines façons de s'y prendre sans évidemment mettre une pression indue quant à leur utilisation.

Pour plusieurs des moyens proposés, il sera essentiel de fournir à l'enfant un petit cahier d'étude qu'il gardera à la maison et dans lequel il pourra écrire, dessiner, s'inventer des exemples, calculer, se faire des schémas, s'exercer, etc. Cet outil de travail lui appartient et il devrait pouvoir en faire ce qu'il veut sans avoir de comptes à rendre. Il s'agit en fait d'un cahier «brouillon» qui doit être utilisé comme tel.

Lecture

Pour l'aider à mieux comprendre la lecture d'un texte, encourager l'enfant à :

- bien observer les illustrations du livre avant de débuter sa lecture ;

- se construire des images ou se faire un véritable film dans sa tête, et s'imaginer le plus précisément possible les personnages, les actions et les décors tout au long de la lecture ;

- dessiner ce qu'il retient de sa lecture, soit en découpant le texte en séquences (style bande dessinée), soit en choisissant d'en illustrer une partie ou en essayant de dessiner tout ce dont il se souvient. Pour soutenir son intérêt et marquer celui qu'on porte à cette activité, il peut être judicieux de l'inviter à conserver ses dessins — qu'on a pris soin d'annoter — et à constituer un cahier de résumés de lecture avec des appréciations personnelles ou avec de courts textes critiques ;

- utiliser, lorsque c'est possible, un surligneur pour marquer les mots clés ou les réponses aux questions posées lors d'un exercice de compréhension de lecture ;

- remarquer la ponctuation utilisée pour mieux découper la lecture du texte en unités de sens. Respecter le rythme dicté par ces signes l'aidera à comprendre le texte.

- choisir, s'il le désire, de faire une lecture silencieuse. En général, on comprend mieux le sens d'un texte lorsqu'on le lit dans notre tête ; faite à voix haute, la lecture est ralentie et l'accès au sens du texte est donc limité. Après cette lecture, les parents peuvent demander à l'enfant de résumer dans ses propres mots ce qu'il vient de lire et d'en donner une appréciation personnelle. À noter que ce moyen ne convient pas à tous les enfants, car certains ont besoin de s'entendre lire pour mieux comprendre ;

- faire la lecture à son frère ou à sa sœur plus jeune que lui ;

- enregistrer son texte sur une cassette audio en prenant bien soin de le faire d'une façon vivante. L'enfant peut ainsi constituer pour lui-même ou pour les membres de sa fratrie une collection d'histoires à écouter le soir ;

- lire avec une autre personne, en se partageant le texte à lire ou en se donnant la répartie lorsqu'il y a des dialogues ;

- imaginer des questions qui pourraient lui être posées sur le texte et y répondre ;

- demander à l'un de ses parents de lui lire d'abord le texte pour qu'il puisse ensuite l'imiter en exagérant un peu l'intonation mise par le parent-lecteur. Ce dernier aura pris soin d'insister sur le rythme marqué par les signes de ponctuation pour aider l'enfant à en faire autant ;

- s'imaginer être l'enseignant qui fait la lecture devant la classe avant de poser des questions à son auditoire sur le sens du texte. Le parent ou la fratrie peuvent se prêter au jeu et devenir cet auditoire;

- bien scander le texte en le découpant par unités de sens que l'enfant pourra repérer à l'aide des signes de ponctuation; exagérer les pauses prescrites par les virgules et les points pour bien sentir le rythme des phrases;

- s'imaginer prendre part à l'action qui se déroule dans l'histoire pour bien en saisir le sens;

- jouer, après la lecture, l'histoire, les actions et les émotions qui y sont véhiculées par du mime, des jeux de rôles ou avec des marionnettes;

- bouger le plus librement possible s'il en ressent le besoin. Les parents doivent parfois tolérer les positions un peu saugrenues que l'enfant adopte pour lire. Tant qu'il demeure en position pour recevoir suffisamment de lumière sur son texte, le reste importe peu.

- en cours de lecture, exagérer les intonations en les accompagnant de mimiques faciales ou gestuelles appropriées lorsqu'il y a lieu.

Écriture

Pour l'aider à mieux écrire un texte, encourager l'enfant à:

- se faire un film dans sa tête après avoir pris le temps d'imaginer les personnages de l'histoire et les liens qu'ils ont entre eux; «regarder» ce film en l'arrêtant périodiquement (en imaginant un bouton pause qui fixe l'image) pour pouvoir prendre le temps de mettre par écrit chaque séquence;

- élaborer son idée en dessinant d'abord ce qui lui vient en tête lorsqu'il réfléchit à ce qu'il veut raconter avant de la mettre par écrit;

- utiliser des livres de référence (dictionnaires, grammaires) lorsqu'il hésite devant une règle à appliquer ou l'orthographe d'un mot. Avant de faire sa recherche, il peut d'abord essayer de trouver la réponse sans ces aides en écrivant le mot de toutes les façons possibles (en tentant de revoir dans sa tête ce mot qu'il a sûrement déjà vu ou l'exemple de la règle à appliquer qu'il a déjà étudiée) et en tentant de trouver l'orthographe exacte. Par la suite, il vérifie dans un des livres de référence et se corrige au besoin. Cette stratégie lui sera très utile quand il s'agira d'un examen et qu'il n'aura pas accès aux livres. Sa mémoire «photographique» peut devenir un très bon allié s'il apprend à s'en servir;

- vous demander, en guise d'aide, un indice quand il déclare forfait devant les recherches qu'on lui demande de faire. Acceptez à l'occasion de lui donner ce coup de main en ne lui fournissant par écrit qu'un modèle auquel il peut se référer. Par exemple, s'il cherche comment écrire le mot «ville», vous pouvez écrire sur une feuille le mot «village» pour qu'il trouve lui-même les similitudes et les différences entre les deux mots et découvre l'orthographe qu'il cherche. Pour l'accord d'un adjectif ou d'un verbe, procéder de la même façon, soit en écrivant un mot de même nature bien accordé avec le même pronom ou le même déterminant que celui devant être traité par l'enfant. Par exemple, pour l'aider à corriger une erreur comme «je veux mangé», vous pourriez écrire à côté «je veux jouer»;

- se préparer une affiche contenant une liste de mots clés marqueurs de temps qu'il gardera bien en vue afin de l'aider à structurer un texte qui contient des séquences temporelles.

Par exemple, il peut inscrire des mots comme « d'abord, puis, ensuite, enfin, alors, tout à coup, finalement ». Il peut faire la même chose avec des mots qui indique des lieux, des caractéristiques permettant de décrire des personnages, etc. Il s'agit bien souvent d'un mot ou deux pour déclencher une tempête d'idées autour de laquelle il pourra créer;

- afficher un cadre divisé en trois parties pour l'aider à visualiser la structure d'un texte qui contient un **début** (mise en contexte et description des lieux, personnages et moment où se déroule l'histoire), un **milieu** (déroulement, actions, énigme ou événement) et une **fin** (conclusion, dénouement, morale de l'histoire etc.);

- mettre par écrit tous les mots qui lui viennent en tête lorsqu'il pense au thème choisi. Il s'en servira par la suite pour construire son texte;

- se raconter une histoire avant de la mettre par écrit en s'inspirant d'une liste de mots préalablement établie ou d'idées qu'il a en tête et dont il se parle intérieurement; pour ce faire, utiliser des mots marqueurs de temps qu'il a souvent lus ou entendus pour l'aider à construire les séquences temporelles de son histoire (Il était une fois, par la suite, en même temps, tout à coup, finalement…);

- imaginer que c'est quelqu'un d'autre qui lui raconte cette histoire. Il peut se demander, par exemple, ce que lui raconterait son enseignant de français si c'était lui qui avait inventé l'histoire. En écoutant dans sa tête la voix de cet enseignant lui raconter l'histoire, il peut commencer à construire ses phrases les unes après les autres;

- utiliser des ouvrages de référence pour vérifier l'orthographe des mots qui posent problème, soit après avoir écouté de nouveau dans sa tête les explications de l'enseignant quant à la règle à appliquer, soit après avoir répété toutes les syllabes du mot à écrire ou trouvé des mots de même famille ou, encore, des mots qui lui ressemblent phonétiquement; bref, après avoir utilisé toutes les stratégies qui peuvent le mettre sur la piste de la réponse avant d'aller vérifier dans un livre;

- mettre par écrit sur une feuille quelques mots (de trois à cinq) qui lui passent par la tête et tenter d'imaginer une histoire à partir de ces mots. Cela permet souvent de déclencher une grande créativité chez l'enfant qui n'a jamais d'idées;

- s'imaginer une fois de plus en train de prendre part à l'action au moment même où il invente l'histoire à écrire; il peut imaginer une scène à laquelle il participe ou encore une situation à laquelle il assiste comme spectateur;

- jouer à l'enseignant ou au parent qui raconte une histoire aux enfants — histoire qu'il invente au fur et à mesure — puis l'inciter à mettre par écrit chaque séquence de l'histoire comme elle a été imaginée;

- se lever de sa chaise au besoin pour réfléchir en marchant. Certains enfants (notamment ceux qui sont hyperactifs) sont plus créatifs lorsqu'ils peuvent bouger pour imaginer. Ils peuvent noter en passant quelques idées qui leur traversent l'esprit ou encore les enregistrer sur une cassette pour construire par la suite un texte logique.

Pour aider l'enfant à corriger un texte une fois le brouillon achevé, il faut l'encourager à procéder par étapes, selon une méthode qu'il devrait apprendre par cœur après l'avoir vue maintes et maintes fois affichée près de sa table de travail. L'enfant devrait adopter de préférence celle qui lui a été enseignée à l'école, quand c'est le cas. De façon générale, les grandes étapes de la correction sont les suivantes :

1. vérification de la ponctuation (majuscules et points) ;
2. accords grammaticaux en genre et en nombre des noms et des adjectifs ;
3. accords de verbes avec leur sujet ;
4. vérification des homophones ;
5. orthographe d'usage (dictionnaire).

Mots de vocabulaire

Pour l'aider à apprendre les mots de vocabulaire, encourager l'enfant à :

- étudier les mots qui apparaissent sur des étiquettes et l'encourager aussi à tenter avant toute chose de les écrire sans faute. Deux bols placés devant lui, l'un portant l'inscription « mots appris » et l'autre « mots à étudier », peuvent être utilisés pour classer les mots. Quand il peut écrire un mot sans faute, il place l'étiquette (prise dans les « mots à étudier ») dans le contenant des « mots appris ». Au fil de la semaine, le bol contenant les mots à apprendre se vide graduellement,

ce qui peut être très encourageant pour l'enfant qui voit concrètement les fruits de son travail ;

- prendre le mot en photo dans sa tête au moment où il
  l'étudie. Suggérez-lui, pour ce faire, de bien le regarder, puis
  de fermer les yeux et d'essayer de le revoir ;

- utiliser un surligneur pour mettre en évidence les difficultés
  particulières de chacun des mots à apprendre et se rappeler, au
  moment de revoir le mot dans sa tête, ce qui a été surligné ;

- écrire chaque mot difficile au moins trois fois. Faire cet
  exercice pour tous les mots dans lesquels il a commis une
  erreur au moment de l'étude ;

- étudier les mots en les écrivant à l'ordinateur et en utilisant,
  par exemple, des polices de caractères différentes pour mettre en évidence les difficultés particulières à retenir (écolier,
  cheminée, etc.) ;

- jouer ensuite avec les images mentales ainsi formées et l'encourager aussi à les imaginer projetées sur le mur de son
  lieu d'étude ; suggérez-lui de faire la même chose sur le mur
  de sa salle de classe où il fera la dictée. Ce travail permet de
  rappeler à l'enfant qu'il est responsable de revoir ces images
  lorsqu'il se trouve en classe ;

- tenter, après l'étude, d'épeler à l'envers les mots dont l'orthographe est particulièrement difficile à retenir. Pour un
  enfant qui travaille avec des images visuelles, le fait de les
  épeler en commençant par la fin l'oblige à les voir dans sa
  tête ; autrement, la tâche est impossible. On peut donc lui
  suggérer ce moyen en lui lançant un véritable défi. Il sera
  d'autant plus fier s'il y parvient et il risque d'adopter cette
  méthode d'étude qui réussit bien à plusieurs ;

- intégrer, quand c'est possible, un petit dessin à l'intérieur du mot écrit pour l'aider à se rappeler certains détails. Par exemple, les deux «t» du mot «botte» peuvent devenir deux petites bottes et l'aider à se rappeler que ce mot contient deux «t» comme nos pieds ont besoin de deux bottes.

Pour différencier le «b» du «d», il pourrait dessiner un bonhomme vu de côté, la boule du «b» devenant ainsi la première lettre du mot «bedon» et celle du «d» devenant son «derrière».

Pour différencier les lettres inversement orientées comme le «b» et le «d», on peut aussi s'aider de ses mains en faisant référence au mot bd (abréviation de bande dessinée):

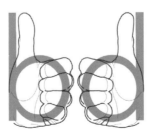

Voici d'autres exemples de mots qui peuvent être illustrés en jouant avec les lettres à retenir (pomme, bateau, descendre).

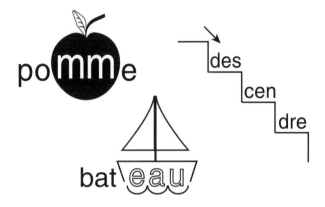

L'important, c'est que l'enfant s'entraîne à créer ses propres images ; cette habileté se développe à force de la pratiquer. La richesse de cette méthode réside surtout dans le travail mental que fait l'enfant autour des pièges que peuvent contenir certains mots, ce qui lui permet de mieux retenir les particularités de chacun ;

• de petits dessins peuvent être associés aux mots qui se prononcent de la même façon mais qui s'écrivent différemment (tante et tente) ;

- regrouper les mots ayant des graphies similaires. Inviter l'enfant à se construire des tiroirs dans sa tête dans lesquels il rangera les groupes de mots ;

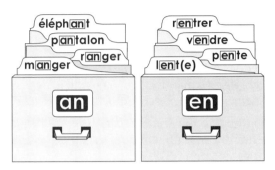

- se permettre de faire quelques petites « folies » au cours de l'étude ; cette recommandation s'adresse aussi aux parents. Ces « folies » ont souvent l'avantage de graver dans la mémoire ce à quoi elles se rapportent. Par exemple, le parent qui se dessine un Z sur le nez pour aider son enfant à retenir que le mot NEZ se termine par cette lettre est certain d'atteindre le but visé ;

- s'amuser à écrire les yeux fermés. Pour relever un tel défi, on est obligé de recourir aux images mentales ;

- réviser l'ensemble des mots la veille de la dictée en les écrivant ;

- étudier les mots en se les répétant, en les épelant à voix haute avec une musicalité toute particulière, en prenant une autre voix ou en utilisant un rythme spécial de manière à bien découper les syllabes ;

- découper le mot en syllabes lorsqu'il l'épelle, et l'écrire ensuite ;

- se rappeler les pièges qu'il doit éviter avec certains mots ; par exemple, le mot « travail » prend un seul « l » et « Je travaille » en prend deux ; écrire des exemples dans un petit cahier d'étude ;

- inventer des phrases qui regroupent des graphies similaires. Par exemple, « Le mANteau de ma tANte JeANne est blANc » ou « J'ENtre dans ma tENte pour me protéger du vENt » ;

- inventer une phrase dont chacun des mots commence par une lettre du mot à retenir. Par exemple, pour apprendre les lettres du mot ŒUF, on peut utiliser les phrases suivantes : « Odette Est Une Fille » ou « On Est Une Famille ». Il est parfois long et difficile de trouver ces phrases, mais il vaut la peine d'essayer dans le cas de difficultés persistantes ;

- chercher un petit mot à l'intérieur d'un grand mot et voir comment les préfixes et les suffixes ne font qu'« habiller » des mots déjà connus comme par exemple, faire/refaire/défaire, ou maison/maisonnée/maisonnette ;

- réviser l'ensemble des mots la veille de la dictée en les épelant ;

- étudier en traçant les mots dans l'espace avec son doigt. L'enfant peut insister sur les difficultés particulières à retenir en effectuant de plus grands mouvements ;

- tracer des mots dans le dos d'une autre personne et s'amuser à les deviner à tour de rôle ;

- frapper dans ses mains en prononçant, puis en épelant chacune des syllabes ;

- épeler le mot en changeant de position (assis/debout) à chaque syllabe;

- jouer au bonhomme pendu avec ses mots de vocabulaire (voir page 187);

- écrire les mots avec des lettres magnétiques ou avec des céréales sèches qu'il peut manger par la suite en collation. Évidemment, il ne faut pas utiliser ce genre de trucs régulièrement, car cela briserait l'effet de surprise. On peut toutefois s'en servir pour les moments où l'étude devient monotone et où l'ardeur au travail diminue;

- réviser l'ensemble des mots la veille de la dictée en les écrivant; puis les épeler en séparant les syllabes pour ainsi rythmer chaque mot par de courtes pauses entre chaque syllabe.

Pour les mots très difficiles à orthographier, l'enfant doit pouvoir utiliser une méthode longue, c'est-à-dire qui combine les différents modes de représentation mentale. Les étapes de l'étude doivent être écrites et affichées devant la table de travail de l'enfant. Il s'agit d'abord de l'encourager à diviser en trois parties la liste des mots à étudier (une partie pour chacun des trois premiers jours de la semaine), à garder le dernier jour pour réviser l'ensemble des mots, puis à recourir à cette méthode pour certains mots lorsque les autres moyens échouent.

1. Regarde le mot.
2. Repère la difficulté.
3. Essaie de revoir le mot dans ta tête.

(...)

(...)

4. Regarde bien la difficulté dans la tête.

5. Épelle le mot que tu vois dans ta tête.

6. Écris-le.

7. Vérifie l'orthographe.

8. Répète les étapes 1 à 7 au besoin.

Cette méthode a pour avantage de faire intervenir plusieurs stratégies à la fois, ce qui demeure la meilleure façon d'étudier.

La révision qui devrait se faire à la fin de la semaine, la veille du contrôle, peut parfois prendre l'allure d'un jeu ; en effet, on peut refaire le « jeu de l'enseignant » au cours duquel l'enfant corrige les erreurs que le parent fait intentionnellement. Toutefois, ce moyen ne convient pas aux enfants qui ont d'importantes difficultés à retenir leurs mots de vocabulaire.

Règles de grammaire

Pour l'aider à apprendre ses règles de grammaire, encourager l'enfant à :

- bien regarder les exemples contenus dans les livres ;
- prendre le temps de s'en faire des images mentales ;
- inventer ses propres exemples qu'il peut fixer dans sa mémoire après les avoir écrits ou dessinés dans son petit cahier d'étude ;

- demander un exemple quand il ne comprend pas une règle afin de pouvoir en inventer un lui-même par la suite;

- travailler avec des surligneurs pour mettre en évidence les accords grammaticaux ou les terminaisons des verbes à retenir;

- se fabriquer des affiches «aide-mémoire» avec les dessins ou les exemples de son choix et l'encourager également à les mettre sur les murs de son lieu de travail;

- lire à voix haute une règle et l'inciter à se la redire, soit textuellement, soit dans ses propres mots;

- inventer des exemples différents de ceux du livre et l'encourager aussi à se les dire à voix haute ou à les expliquer à une autre personne, un parent ou un ami;

- récrire la règle dans ses propres mots en utilisant un exemple qu'il aura inventé. L'enfant peut se fabriquer un aide-mémoire personnel qu'il laisse à la maison. Pour agrémenter la tâche, il peut trouver tous ses exemples dans un domaine précis: puiser dans ses personnages de télévision préférés, par exemple.

- jouer à l'enseignant qui corrige une dictée ou un examen auquel se soumet le parent. L'enfant peut inventer une dictée ou poser des questions en s'inspirant des exemples qu'il trouve dans son manuel. Le parent peut faire quelques erreurs dans l'application des règles de grammaire étudiées par l'enfant afin que ce dernier lui montre comment il expliquerait cette règle s'il était réellement son élève;

- donner une musicalité aux règles à retenir et marcher dans la pièce en les scandant, en les chantant ou même en les dansant;

- marcher sur une ligne de temps imaginaire qui serait tracée sur le plancher pour bien saisir les notions de temps rattachées à l'étude des verbes et de la conjugaison. L'enfant s'y déplace pour bien comprendre où l'on se situe par rapport au présent lorsqu'on utilise tel ou tel temps de verbe. Il peut aussi mimer l'action en montrant par des gestes la personne qui la fait (le sujet du verbe);

- conjuguer les verbes à apprendre aux temps demandés, en les insérant dans des phrases de la vie quotidienne que les parents suggèrent. Par exemple, pour conjuguer le verbe apprendre à l'imparfait, le parent peut suggérer la phrase suivante: «Marc apprend ce soir à conjuguer ses verbes à l'imparfait.» L'enfant peut répondre: «Hier, Marc apprenait ses tables de multiplication.»

Pour toutes les règles de grammaire, l'enfant doit donc être encouragé à:

1. revoir les exemples dans sa tête;
2. se redire les règles;
3. se poser des questions sur la nature des mots;
4. se poser des questions sur la fonction des mots;
5. appliquer la règle;
6. vérifier;
7. reprendre au besoin les étapes précédentes.

Mémorisation d'un texte

Pour l'aider à apprendre un texte ou un poème par cœur, encourager l'enfant à :

- se construire des images dans sa tête tout au long de sa lecture ;
- mémoriser le texte, un paragraphe à la fois, en se forgeant une image ou en faisant un dessin pour chacun. L'enfant peut ajouter sur cette image — mentalement ou concrètement sur le dessin — le mot qu'il trouve le plus signifiant dans chaque phrase ; ce mot aura d'abord été surligné ou récrit sur une feuille. S'il s'agit d'un poème rimé, l'enfant peut associer les rimes les unes aux autres en utilisant des couleurs différentes ;
- visualiser et se représenter mentalement chaque phrase pour ensuite la jumeler à une autre. Procéder par associations d'images en greffant chaque nouvelle phrase à la précédente par l'image d'un mot ou d'une scène dont il est question dans le texte ;
- se voir en train de réciter son texte ou sa poésie devant la classe au moment même où il l'étudie ;

- prêter attention, au cours de la première lecture, aux sons de la fin des phrases ainsi qu'à la musicalité du texte ;
- réciter le texte en variant les intonations selon le sens des vers ou en gardant le même rythme et les mêmes intonations pour chaque paragraphe ou en variant le ton à chacun des paragraphes ;

- enregistrer le texte sur une cassette et l'écouter souvent. L'enfant peut ensuite fermer l'appareil au milieu d'une phrase et tenter d'en retrouver la fin dans sa mémoire;

- se répéter seulement les rimes pour ensuite y associer des phrases complètes;

- s'imaginer vivre l'action, être le personnage principal pendant la première lecture du texte;

- apprendre les verbes de chaque phrase pour en mimer les actions ou pour s'imaginer être en train de les faire. Inciter ensuite l'enfant à associer les verbes aux phrases;

- associer pour chaque phrase les mots à des gestes qui les lui rappelleront;

- dire le poème en tapant du pied ou des mains pour marquer le rythme;

- associer des gestes ou des mimiques qui correspondent aux émotions véhiculées dans le poème;

- imaginer une ambiance dans laquelle réciter le texte ou le poème et s'imaginer, pendant l'étude, être en train de le réciter devant un auditoire.

Exposé oral

Pour l'aider à préparer un exposé oral, encourager l'enfant à:

- se faire de petits dessins résumant chacune des idées qu'il a choisies de présenter à la classe. L'inviter à inscrire des mots clés à côté de chaque dessin; il s'agit des mots précis qu'il devra utiliser au cours de son exposé;

- prévoir dans quel ordre il traitera chacune de ces idées et l'inciter à associer un chiffre à chacune des parties pour l'aider à planifier dans quelle séquence il les présentera. L'inciter ensuite à «photographier» dans sa tête cet aide-mémoire et son déroulement;

- s'exercer en se regardant dans un miroir et en jetant au besoin un coup d'œil à son aide-mémoire. Il est surtout important qu'il s'imagine être déjà en train de faire son exposé devant ses pairs;

- préparer l'exposé avec le plus de spontanéité possible, quitte à n'établir l'ordre de présentation des différents éléments qu'une fois toutes les idées émises. En effet, certains enfants ont une pensée d'emblée bien organisée dans le temps alors que d'autres ont besoin de pouvoir faire toutes les associations possibles avant de trouver un fil conducteur. Il est important que les parents fassent preuve de tolérance face à la façon un peu brouillonne que l'enfant utilise dans un premier temps pour travailler. Il sera toujours temps d'organiser le tout par la suite;

- composer des phrases complètes lors de la préparation de l'exposé en surlignant dans chaque phrase un mot clé dont il doit se rappeler afin de faire revenir la phrase entière à sa mémoire au moment de sa présentation;

- apprendre par cœur la série des mots clés dans l'ordre qui a été prévu pour la présentation en se les répétant à voix haute, puis dans sa tête;

- répéter à voix haute l'exposé ainsi préparé, paragraphe par paragraphe, phrase par phrase;

- enregistrer l'exposé sur une cassette en prenant les intonations appropriées, puis écouter l'enregistrement en l'arrêtant à différents moments et en poursuivant de mémoire le discours là où il a été arrêté;

- prévoir les gestes qu'il fera pour accompagner son récit et ce, pour chacun des sujets traités, d'abord concrètement, puis mentalement. La préparation de l'exposé doit d'abord être faite soit par écrit, soit à l'aide de dessins et de mots clés;
- répéter chacune des parties de l'exposé en se déplaçant dans la pièce où il étudie;
- s'exercer devant quelqu'un comme s'il préparait un discours ou une pièce de théâtre; en s'imaginant donc qu'il est devant son auditoire en classe au moment même où il étudie.

Examen de sciences

Pour l'aider à étudier en vue d'un examen de sciences, encourager l'enfant à:

- porter attention à tous les dessins, schémas et tableaux présentés dans la leçon à étudier;
- faire des résumés écrits de la matière étudiée après s'en être construit des images mentales suffisamment claires;
- établir clairement des catégories d'information à étudier en utilisant des couleurs différentes pour marquer les sous-titres et un surligneur pour les mots clés, notamment les mots précis qui doivent être mémorisés;

- schématiser le plus possible l'information en traçant des tableaux ou en remplissant une fiche-synthèse pour chacune des parties à étudier ;

- mettre l'accent sur l'utilisation de moyens visuels (dessins ou mots clés) pour mémoriser l'information qui doit être apprise par cœur ;

- faire des liens avec ses connaissances antérieures en visualisant dans sa tête ce qu'il est en train d'étudier et ce qu'il sait déjà sur le sujet afin que les images mentales en construction soient vivantes et signifiantes. Ainsi, toute la matière à comprendre, par opposition à celle devant être mémorisée, peut être intégrée par ce seul geste de réflexion issu d'un travail authentique de l'enfant, c'est-à-dire d'une tentative personnelle de comprendre et d'assimiler les nouvelles connaissances à celles qu'il possède déjà ;

- s'expliquer lui-même, dans ses propres mots, la matière étudiée ainsi que tous les schémas, dessins et tableaux présentés dans la leçon ;

- étudier avec un ami, que cela se fasse dans la même pièce ou par téléphone, pour se questionner et s'expliquer mutuellement les connaissances nouvellement acquises et pour faire des liens avec celles que les deux possèdent déjà ;

- inventer des questions susceptibles d'être posées par l'enseignant et y répondre ou demander à un autre de le faire ;

- résumer l'information dans ses propres mots, puis la mettre par écrit en insistant sur les mots précis qui doivent être assimilés au cours de cette leçon ;

- se donner des trucs verbaux pour retenir des séries de termes précis. Par exemple, utiliser la phrase «Mon Vieux Tu M'as Jeté Sur Une Nouvelle Planète» dont chaque mot commence par la première lettre des noms des planètes de notre système solaire: Mercure, Vénus, Terre, Mars, Jupiter, Saturne, Uranus, Neptune, Pluton;

- expliquer à ses parents ou à ses frères et sœurs le contenu de la leçon étudiée. En s'entendant parler de ce sujet, l'enfant clarifie ses idées et vérifie ce qu'il possède bien et ce qu'il doit approfondir;

- faire des liens avec des expériences vécues tout au long de l'étude;

- s'imaginer prendre part à l'action et se situer dans l'environnement ou le décor dont il est question dans la leçon, pour ensuite se poser des questions et chercher les réponses;

- imaginer qu'il exerce les métiers ou vit la vie des personnages dont il est question dans la leçon;

- imaginer à quoi peuvent être utiles ces connaissances dans la vie de tous les jours et à qui elles peuvent l'être, cela afin qu'elles prennent un sens réel.

Tables d'opérations mathématiques

Pour l'aider à mémoriser les tables d'opérations mathématiques, encourager l'enfant à:

- les apprendre chaque jour par blocs de cinq opérations différentes qu'il retranscrit dans son cahier d'étude;

- représenter par des dessins les opérations à étudier. Exemples:

addition
2 + 3 = 5

soustraction
5 - 3 = 2

multiplication
2 x 4 = 8

division

8 ÷ 4 = 2

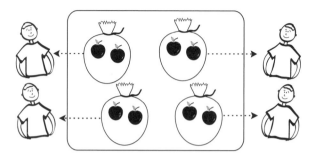

- jouer avec deux dés, au début de l'apprentissage des tables d'addition ; l'enfant s'habitue ainsi à se représenter mentalement la configuration des points sur les dés et à compter à l'aide de ces images mentales ;

- écrire chaque opération sur un carton et inscrire la réponse au verso. Utiliser deux contenants, l'un destiné à recevoir les opérations dont il peut donner la réponse rapidement sans vérifier à l'endos du carton (opérations sues), et l'autre destiné à celles qui doivent faire l'objet d'une étude plus approfondie (opérations à apprendre). De cette façon, l'enfant évite de perdre du temps avec des opérations qu'il connaît bien ; de plus, en voyant diminuer concrètement, au fil de la semaine, le nombre des opérations à étudier, il s'encourage. Pour que l'enfant profite bien de cette méthode, on peut l'encourager à étudier étape par étape les opérations qu'il a plus de mal à retenir en procédant de la façon suivante :

  1. bien regarder l'opération inscrite sur le carton ;

  2. fermer les yeux et tenter de la revoir dans sa tête ;

3. écrire l'opération avec la réponse ;

4. vérifier et corriger au besoin. S'il la sait bien, il peut déposer ce carton dans le contenant des « opérations sues » ; sinon, il doit la corriger et remettre le carton dans le contenant des « opérations à apprendre » pour l'étudier de nouveau le lendemain ;

5. tenter aussi de :

   a) s'imaginer en train de projeter ces images sur le mur ;

   b) imaginer ces images sur le mur de la classe ;

   c) s'imaginer en train de réussir à retrouver ces images en classe au moment du test ;

- à la manière des jeux de mémoire, inscrire sur des cartons des opérations à effectuer et, sur d'autres, les réponses de ces opérations. On étale d'un côté, face contre table, un groupe de cartes sur lesquelles apparaissent les opérations, puis on fait la même chose de l'autre côté avec un autre groupe de cartes donnant les réponses afin qu'on ne voit pas les nombres inscrits. On a ainsi deux groupes de cartes bien séparés. À tour de rôle, les participants retournent deux cartes, une de chaque groupe. Si la réponse pigée correspond à l'opération à résoudre, l'enfant garde la paire de cartes et joue de nouveau jusqu'à ce que les deux cartes ne correspondent plus. Quand l'enfant retourne les deux cartes, les autres participants doivent pouvoir voir les cartes ; il doit les remettre à l'endroit où il les a prises si elles ne correspondent pas. Ainsi, chacun peut tenter de mémoriser la place de chaque carte et tenter d'aller chercher les bonnes cartes pour former des paires. Le gagnant est celui qui a obtenu le plus de paires au cours de la partie ;

- imaginer des groupements d'objets précis pour mémoriser plus facilement chacune des tables de multiplication. En associant à chaque table un symbole signifiant, symbole qu'on prend soin de dessiner sur un carton utilisé pour l'étude, l'enfant pense plus facilement à compter par groupes si sa mémoire fait défaut. Par exemple, la table de deux peut être représentée par des paires de chaussures, celle de trois par des tricycles, celle de quatre par des animaux à quatre pattes, celle de cinq par des mains, celle de six par un jeu de dominos, etc.;

2 x 2 = 4 souliers

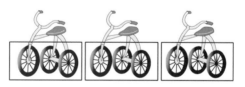

3 x 3 = 9 roues

4 x 5 = 20 doigts

- jouer aux cartes avec un paquet duquel on enlève les jokers et où la dame vaut 12 alors que le roi vaut 0. On fait deux piles de cartes et chacun des deux joueurs retourne une carte de sa pile en même temps et le plus vite possible ; il s'agit d'effectuer l'opération (addition ou multiplication). Le premier joueur à donner la bonne réponse remporte ces deux cartes. Le gagnant est celui qui a le plus de cartes lorsque les deux piles sont vides ; un arbitre désigné peut accorder une carte à chacun si les deux joueurs donnent la bonne réponse en même temps ;

- étudier en dessinant des droites numériques sur lesquelles il fait sautiller une grenouille ou tout autre animal susceptible de faire des sauts. Il peut apprendre ses tables en comptant par bonds de 2, de 5, de 10, etc. en marquant d'une couleur différente les points d'arrivée de chaque bond selon la table étudiée. (Voir aussi la variante du jeu du crac boum, en page 193.)

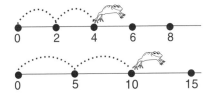

- se répéter les tables à voix haute, par blocs de cinq, en utilisant différentes intonations pour les plus difficiles ;

- les enregistrer et les écouter aussi souvent que possible en jouant parfois à arrêter l'enregistreuse à différents moments pour poursuivre seul l'énumération des opérations ;

- les apprendre en les fredonnant sur l'air d'une chanson connue ;

- les étudier avec quelqu'un d'autre, dans la même pièce ou par téléphone ; cela peut devenir un élément de motivation lors des moments plus difficiles ;

- les cartes à jouer peuvent aussi servir à répéter les tables. Il s'agit d'abord d'enlever les rois du jeu de cartes (les tables de multiplication ne dépassent pas le nombre de 12). Si l'enfant doit étudier sa table de quatre au cours de la semaine, on peut lui faire piger des cartes par lesquelles il devra multiplier la valeur pigée (1 à 12) par quatre ;

- lancer deux dés qu'on multiplie (pour les chiffres de un à six), puis quatre dés qu'on regroupe en les additionnant deux à deux pour ensuite en multiplier les sommes entre elles ;

- manipuler des objets concrets pour bien saisir le sens de chacune des opérations et associer ces mouvements à des mots d'action qui ont des sens plus concrets pour lui :

  > additionner = ajouter
  >
  > soustraire = enlever
  >
  > multiplier = faire des groupes égaux
  >
  > diviser = partager en parts égales

- se représenter chaque opération par un geste concret qui montre bien l'opération à effectuer ; les mimer au besoin ou s'imaginer le faire ;

- apprendre les tables en les chantant et en dansant le « rap » ; les apprendre par blocs de cinq pour mieux les intégrer ;

- marcher dans la pièce en étudiant les tables ;

- s'imaginer être déjà en classe en train de répondre verbalement ou par écrit aux questions posées par l'enseignant.

- jouer concrètement à l'enseignant qui pose des questions et corrige.

Il existe différents petits trucs pour retenir certaines tables. À titre d'exemple, de nombreux enfants connaissent le truc de la table de 9 parce qu'il est simple : il s'agit de mettre ses deux mains devant soi (les paumes tournées vers l'extérieur) et de numéroter chacun des doigts de 1 à 10 en commençant par la gauche.

Selon l'opération à effectuer, l'enfant doit ensuite baisser le doigt qui correspond au chiffre qui est à multiplier par 9 et regarder ensuite la configuration de ses doigts. Le nombre de doigts situé à gauche de celui qui est baissé indique les dizaines contenues dans la réponse et les doigts qui sont à droite indiquent les unités. Ainsi, s'il veut multiplier 6 par 9, il doit baisser le sixième doigt, soit le pouce de la main droite, pour ensuite « lire » la réponse. Les cinq doigts de la main gauche signifient 50 et les quatre doigts qui restent de la main droite donne le 4 que l'on ajoute à 50, ce qui donne une réponse juste : 6 x 9 = 54.

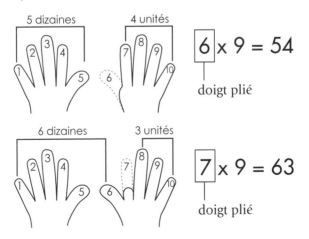

5 dizaines   4 unités

$6 \times 9 = 54$

doigt plié

6 dizaines   3 unités

$7 \times 9 = 63$

doigt plié

Problèmes mathématiques

Pour l'aider à résoudre des problèmes mathématiques, encourager l'enfant à :

- dessiner ou à schématiser la situation présentée dans le problème à résoudre ;
- s'en faire une image mentale ou un petit film ;
- surligner les données importantes du problème ;
- imaginer chacune des étapes à franchir avant de commencer à effectuer les opérations ;
- écrire sa démarche point par point pour pouvoir la réviser plus facilement par la suite ;
- demander qu'on lui explique à l'aide d'un dessin ou qu'on lui démontre comment procéder à l'aide d'un exemple écrit quand il ne comprend pas ce qu'on a tenté de lui expliquer verbalement ;
- démontrer à quelqu'un la résolution du problème en lui montrant comment il a fait ;

- lire le problème à voix haute ;
- le découper en séquences ;
- se le raconter dans ses propres mots ;
- déterminer verbalement les étapes à franchir ;
- imaginer qu'une autre personne lui explique le problème ;
- discuter du problème avec un ami au téléphone en cas de doute ;

- expliquer le problème à quelqu'un d'autre en écrivant point par point la démarche qu'il doit accomplir;

- s'imaginer en train de prendre part à la situation présentée dans le problème à résoudre;
- choisir l'opération à effectuer à chaque étape du problème, en s'imaginant ajouter (addition), enlever (soustraction), faire des groupes (multiplier) ou partager (diviser) les éléments;
- manipuler au besoin des objets, des jetons par exemple, afin de rendre le problème plus concret et de mieux le comprendre;
- mimer le problème au besoin;
- l'expliquer à quelqu'un en donnant un exemple tiré du vécu quotidien.

Les enfants apprennent habituellement à l'école une démarche de résolution de problème par étapes; les parents peuvent rappeler cette démarche au besoin. Sinon, ils peuvent lui en proposer une en inscrivant les étapes sur un carton auquel il peut avoir accès à l'endroit où il étudie. Ces démarches doivent comporter les étapes suivantes.

1. Déterminer ce qu'on cherche: «Qu'est-ce que je cherche?»
2. Découvrir les données disponibles: «Qu'est-ce que je sais?» (...)

(...)

3. Définir la démarche à suivre: «Comment vais-je faire?»

4. Effectuer les opérations étape par étape: «Je me mets au travail!»

5. Estimer la justesse de la réponse: «Ma réponse est-elle plausible compte tenu de la situation et des calculs effectués?»

6. Réviser le tout: «Je vérifie.»

Se rappeler qu'ici comme ailleurs, la magie n'existe pas et que ce n'est qu'au prix de constance, de persévérance et d'efforts que ces stratégies sauront aider l'enfant.

Des activités pour consolider les habiletés cognitives

Les habiletés cognitives se développent spontanément au cours des jeux et des expériences quotidiennes des enfants. Toutes sont nécessaires aux apprentissages, mais certaines d'entre elles sont essentielles, quoique souvent mal développées chez les enfants qui éprouvent des difficultés d'apprentissage.

Au nombre des habiletés cognitives, il y a les habiletés verbales. Elles sont de celles qui facilitent la gestion mentale de l'information parce que l'enseignement se fait en grande partie verbalement et aussi parce que le fait de pouvoir reformuler les informations et se parler en soi-même pour intégrer des connaissances aide beaucoup. Les habiletés non verbales sont tout aussi importantes mais, à moins d'un trouble spécifique dans ce domaine, elles se développent plus souvent de manière spontanée chez les enfants étant donné qu'ils vivent dans un monde débordant de stimuli visuels. Ils sont constamment soumis à des images stimulantes, aux écrans de télévision et au monde informatique qui prend de plus en plus de place. Il est donc normal que nous insistions davantage sur des activités et des jeux qui favorisent le développement des habiletés verbales, tant sur le plan de l'expression que de l'écoute.

Les habiletés verbales

- Ne pas négliger l'effet des conversations soutenues avec les enfants. Elles ont l'avantage de lui montrer que vous vous intéressez à lui et à ce qu'il pense ainsi que de développer ses capacités à exprimer sa pensée; cela le force à former une pensée cohérente et à l'organiser avant de l'émettre. Soyez conscient d'être un modèle déterminant dans son apprentissage du langage et tentez d'utiliser les termes précis pour enrichir son vocabulaire. Prêtez attention au choix des mots utilisés et aux nuances, employez des synonymes et allez jusqu'au bout d'une explication, d'une opinion ou d'une argumentation. L'écoute d'une émission de télévision ou la lecture d'un article se prête bien à ce genre de discussion. L'important est de prendre le temps de dialoguer avec l'enfant.

- Prendre le temps de répondre à ses questions pour garder en éveil sa curiosité naturelle ainsi que sa recherche de l'origine et de la logique des choses. Les « pourquoi » et les « comment », si nombreux dans la bouche des enfants, méritent des réponses si on veut qu'ils gardent cette attitude à l'école et dans leur vie d'adulte. Leur cacher des choses ou toujours remettre à plus tard la satisfaction de leur curiosité peut contribuer à bloquer le système de compréhension. Évidemment, les réponses à leurs questions, dont celles concernant la vie, la mort, la sexualité et les mésententes parentales, doivent être adaptées à leur âge et à ce qu'ils sont en mesure d'assimiler compte tenu de leur développement affectif. Toutefois, il faut éviter de les infantiliser en omettant de leur répondre ou en leur répondant n'importe quoi sauf la vérité.

- Réfléchir à voix haute lorsqu'il vous observe en train d'effectuer une tâche ou de résoudre un problème. De cette manière, il entend les raisonnements que vous faites et cela l'incite à en faire autant par simple imitation du modèle parental.

- Jouer à «Ce que je vois est un…». Il s'agit de décrire un objet qui se trouve dans la même pièce que les participants et de le décrire jusqu'à ce qu'il puisse être identifié. L'important est de commencer la description après avoir parcouru toute la pièce des yeux afin d'éviter que les autres participants repèrent trop rapidement l'objet choisi.

- Diversifier les activités où règne le plaisir de jouer avec les mots: poésie, théâtre, allégories, proverbes, devinettes, calembours, comptines, rimes, fables. Ainsi, les enfants apprécient les exercices de diction qui consistent à dire des phrases difficiles à prononcer. Ils arrivent, en se concentrant sur le sens de la phrase, à les dire de plus en plus rapidement. Voici quelques exemples bien connus :

  «Les chemises de l'archiduchesse sont-elles sèches ou archisèches?»

  «Ton thé t'a-t-il ôté ta toux?»

  «Petit pot de beurre, quand te dé-petit-pot-de-beurreras-tu? Je me dé-petit-pot-debeurrerai quand tous les petits pots de beurre se dé-petit-pot-de-beurreront.»

  «Combien sont ces six saucissons-ci? Ces six saucissons-ci sont six sous. Si ces six saucissons-ci sont six sous, ces six cents saucissons-ci seront six cents sous.»

« Un chasseur sachant chasser sait chasser sans son chien. »

« Didon dîna, dit-on, du dos d'un dodu dindon. »

Et, pour les experts : « Dis-moi gros, gras, grand grain d'orge. Quand te dégros, gras, grand grain d'orgeras-tu ? Je me dégros, gras, grand grain d'orgerai quand tous les gros, gras, grands grains d'orge se seront dégros gras grands grains d'orgés. »

Vous trouverez en annexe une série de phrases similaires que les enfants adorent apprendre.

- Jouer au « verlan » (pour les enfants de 8 ans et plus). L'enfant doit changer l'ordre des syllabes (les dire à l'envers) de chacun des mots d'une phrase et vous devez découvrir le sens de cette phrase. Par exemple : « Mejai lépar à verlan », ce qui veut dire « J'aime parler à l'envers. » Certains enfants s'inventent ce genre de code pour jouer aux espions sans être compris de leurs « victimes » ou « adversaires ».

- Lui faire apprendre la musique, en écouter avec lui, chanter, lui enregistrer des messages surprises sur cassettes ou lui suggérer cette forme de correspondance avec des amis pour varier les modes de communication. Lui permettre et même, au besoin, l'encourager à parler ou à étudier avec un ami au téléphone. Il peut demander des explications à un autre enfant de sa classe lorsqu'il éprouve des difficultés ou lui en donner. Étudier ses mots de vocabulaire ou ses tables de multiplication au téléphone peut parfois s'avérer une heureuse alternative quand cette routine provoque un certain ennui chez l'enfant.

- Improviser collectivement des histoires. Une première personne commence l'histoire en s'arrêtant au milieu d'une phrase sans compléter l'idée qu'elle contient, puis une deuxième personne poursuit la phrase en faisant de même ; l'histoire se construit ainsi, soit en respectant une certaine

logique, soit en tentant de rendre l'histoire loufoque.
Exemple : Une première personne dit : « Il était une fois une
très très grande… », puis une autre continue… « sorcière qui
adorait faire peur aux… » « enfants qui s'endormaient en
faisant leurs devoirs. Un jour, elle décida de… » Ces histoires collectives improvisées verbalement favorisent aussi
l'imagination et le développement de la créativité dont
l'enfant a besoin pour composer des textes à l'école.

- Jouer à des jeux où l'enfant doit être attentif aux consignes
verbales. Dans le jeu de « Jean dit », il suffit de respecter les
ordres contenus dans les phrases débutant par « Jean dit » et
d'ignorer celles qui ne débutent pas par ces mots. L'enfant
a du plaisir à tenter de répondre aux consignes et à les
donner de même qu'à vous voir vous tromper quand votre
attention baisse. Pour qu'il soit vraiment intéressant et
stimulant sur les plans de l'attention et de la concentration,
le rythme de ce jeu doit être assez rapide. On peut compliquer ce jeu pour développer l'attention auditive de l'enfant
à des consignes de plus en plus longues en introduisant des
mots marqueurs de temps et d'espace. Par exemple, Jean
dit : « Croise tes bras après avoir fait un pas devant puis un
pas derrière. »

- Dans le même ordre d'idées, le jeu du « Ni oui ni non » est
très intéressant. Il s'agit de poser des questions auxquelles
l'autre n'a pas le droit de répondre par oui, par non ou par
je ne sais pas. Par exemple, on peut commencer en demandant à l'enfant : « Vas-tu à l'école ? » À cette question, il doit
répondre quelque chose comme « Je vais à l'école » ou
encore « Bien sûr », mais il ne doit jamais dire simplement
« Oui » ou « Oui, je vais à l'école », etc. Là encore, le rythme
doit être assez rapide et chacun peut poser à son tour les
questions puis répondre à celles d'un autre.

- Différents jeux commerciaux permettent aussi de jouer avec les mots, par exemple le *Jeu du dictionnaire*, des jeux-questionnaires tels *L'apprenti Docte Rat* et *Le quiz des jeunes*, sans oublier évidemment le traditionnel *Scrabble* ou sa version « junior », puis *Charivari* et *Taboo* pour les plus âgés.

Les habiletés non verbales

- Proposer des livres-jeux dans lesquels l'observation est à l'honneur (*Charlie, Cherche et trouve*).

- Encourager l'enfant à jouer avec des jeux de construction (des blocs *LEGO* ou autres) en suivant les modèles habituellement fournis avec le jeu. Les méthodes de construction des modèles proposés sont en général bien illustrées.

- Toutes les activités motrices permettent à l'enfant d'acquérir une plus grande conscience de son corps et de l'espace dans lequel il évolue.

- Mimer des émotions, des métiers et de petites scènes que d'autres tenteront de découvrir. Si plusieurs enfants sont réunis, l'un d'eux mime une scène de la vie de tous les jours, par exemple celle du réveil, de l'habillage, du déjeuner et du départ pour l'école. Dès qu'un joueur a trouvé quelle est la scène mimée, il se joint au premier acteur et entre dans son jeu. Ce deuxième joueur ajoute quelques éléments à la scène et, dès qu'un troisième joueur entre dans le jeu, le premier se retire et retourne à sa place.

- Fabriquer des casse-tête en collant une image sur un carton, puis en la découpant en 6, 8, 12 ou 20 morceaux. L'enfant propose à ses amis ou à ses frères et sœurs d'assembler les morceaux pour reconstituer l'image.

- Inviter l'enfant à fabriquer des colliers de perles en reproduisant des séquences de couleurs qui suivent une même logique (rouge, vert, orange, jaune, rouge, vert, orange, jaune, rouge…).

- Inciter l'enfant à s'exercer à reconnaître des bruits différents provenant de diverses sources alors qu'il a les yeux bandés.

- Plusieurs jeux commerciaux développent aussi les habiletés d'organisation spatiale (*Architek*, *Structuro*, *Logix*, *Tangram*, les jeux de mosaïques, les casse-tête, etc.).

L'organisation temporelle

- Apprendre à l'enfant des suites d'éléments qui ont un ordre temporel précis (comme l'alphabet, les jours de la semaine, les mois de l'année) qu'il faut savoir par cœur parce qu'il n'existe pas de liens entre eux pour les retracer en cas d'oubli. Lui suggérer de le faire en chantant, car c'est souvent plus facile.

- Découper des bandes dessinées qu'on aura d'abord pris soin de photocopier afin de tenter par la suite d'en reconstituer les séquences.

- Faire avec lui des activités qui l'obligent à respecter une suite d'opérations. Il existe de nombreux livres qui expliquent très simplement la méthodologie de ce type d'activités: des recettes, des bricolages, des pliages de papier (origami) et même du tricot ou la fabrication de bracelets d'amitié. Apprendre à faire des tours de magie peut aussi sensibiliser l'enfant à la nécessité de procéder par étapes s'il veut surprendre son public.

- L'aider à se familiariser au passage du temps, au rythme des saisons et des fêtes qui s'y rapportent en lui offrant les outils nécessaires pour ce faire: une montre, un réveil et un calendrier sur lequel il peut inscrire les événements qui sont signifiants pour lui (fêtes, sorties, activités spéciales).

Les habiletés d'attention

- Entraîner l'enfant à contrôler autant son attention et sa con-centration (capacité de maintenir une attention soutenue dans une tâche qui demande un effort) dans des activités ludiques que lorsqu'il fait ses devoirs. Lui expliquer que ces habiletés sont les mêmes dans un cas comme dans l'autre même si les travaux scolaires demandent parfois un effort supplémentaire. Plusieurs activités quotidiennes se prêtent bien à l'entraînement de ses capacités de concentration en autant que l'enfant prenne ce qu'il fait au sérieux et qu'il soit encouragé à terminer ce qu'il a commencé du mieux qu'il le peut.

- Veiller à ce qu'il dorme suffisamment. Un enfant qui débute son primaire devrait dormir 11 à 12 heures par nuit; ce n'est qu'à la fin du primaire qu'il n'aura besoin que de 8 à 10 heures de sommeil.

- S'assurer qu'il mange suffisamment et sainement, même le matin. Éviter les excès de sucreries l'aidera à mieux se concentrer.

- Lui proposer des jeux qui demandent une certaine persé-vérance à l'effort ainsi qu'une bonne dose de concentration. Le fait de tolérer des délais (attendre son tour tout en restant attentif au jeu) ainsi que des frustrations passagères pour parvenir à son but et de participer jusqu'à la fin de l'activité favorisera aussi ses capacités d'attention et de concentration : jeux de société, casse-tête (les 3D sont forts stimulants pour les enfants), constructions *LEGO* où il est invité à suivre les plans pour reconstituer les modèles proposés, modèles à construire, origami, jeux de mécano, jeu d'échecs, etc.

- Réduire à de courtes périodes les heures passées devant le petit écran quel qu'il soit (téléviseur, ordinateur, jeux élec-troniques tels *Nintendo*, *Game boy*, *Playstation*, etc.). Les pédiatres s'entendent généralement pour recommander un maximum de sept heures par semaine, quelque soit le type d'écran. Ce chiffre nous donne un bon repère pour faire la part des choses entre ce qui est suffisant et ce qui est exagéré. Ce type d'activité n'est pas mauvais en soi ni en totalité, mais l'abus limite les capacités de concentration des enfants à long terme. Tout y étant planifié à l'avance, l'enfant n'a plus à penser; il ne peut que réagir à ce qu'il voit sans exercer aussi intensément ses habiletés auditivo-verbales qui manquent tant à un grand nombre d'enfants de nos jours. Certains jeux peuvent l'aider à apprendre à contrôler son impulsivité; mais ceux-ci, comme la télévision et l'ordinateur, ont aussi le désavantage d'offrir à l'enfant qui éprouve une difficulté ou qui ressent un certain désintérêt de grandes possibilités de «zapper» ou de changer de jeu; il abandonne donc rapidement pour un autre jeu ou une autre émission tout aussi stimulant en termes d'excitation mais tout aussi pauvre en termes de réflexion.

• Quand l'enfant réussit à freiner son impulsivité dans ces jeux électroniques, il importe de nommer cette habileté en lui expliquant qu'il peut en faire autant en classe et ne pas tomber, par exemple, dans le piège de répondre trop vite à un problème de mathématiques sans avoir pris le temps de le lire deux fois pour en saisir tous les détails.

• Varier la séquence dans laquelle se font les devoirs. Pour certains enfants, le fait de toujours commencer par les devoirs les plus difficiles sape la concentration et nuit à ce qu'ils pourraient réussir plus facilement. De la même façon, commencer chaque jour par ceux qui lui demandent le moins d'effort l'empêche en quelque sorte de mettre autant d'énergie quand il en aura besoin pour faire les plus difficiles.

- Apprendre à l'enfant à identifier les sources de distraction, à exprimer lui-même son inconfort (trop de bruit en classe par exemple), ou encore à agir directement sur ces sources de distraction (par exemple, en fermant la fenêtre quand le bruit des automobiles est trop dérangeant pour lui). Il est clair que s'il dispose d'un endroit isolé des autres membres de la famille pour étudier, cela facilite grandement ses capacités d'attention. Quand cela n'est pas possible, des mesures devraient être prises pour faire régner un certain calme dans la pièce où étudie l'enfant.

- Amener l'enfant à « visualiser » les étapes à suivre pour résoudre un problème, le film d'une histoire à inventer ou une stratégie pour réagir adéquatement quand il est en colère ; il doit parvenir à se percevoir comme étant capable de réussir. Encourager ses associations d'idées et son imagination créative pour garder sa pensée en éveil en cours de tâche, sans perdre de vue l'objectif de ce qu'il est en train de faire.

- S'il a tendance à bouger beaucoup et qu'il a des difficultés à se concentrer en classe, demander à son professeur de lui permettre de s'asseoir en avant mais préférablement sur les côtés de la classe pour éviter qu'il ne dérange les autres et que ceux-ci ne deviennent par leurs propres gestes des sources de distraction s'ils sont près de lui. Cela lui permet aussi d'avoir un accès maximal aux indices visuels qui sont inscrits au tableau sans trop le rapprocher du professeur auquel il se fierait pour contrôler ses conduites ; or, il doit apprendre à les gérer seul, sans risquer de devenir le souffre-douleur de la classe.

Les habiletés de mémorisation

- Lui raconter des blagues ou l'encourager à en lire et à les apprendre par cœur en s'imaginant en train de les dire à un ami au moment même où il les entend. De la même façon, l'encourager à mémoriser les étapes d'un tour de magie qu'il pourra faire le lendemain à l'école; après l'avoir exécuté, il peut s'imaginer faire chaque geste dans le bon ordre ou se répéter les étapes à suivre et ce qu'il faut dire à chacune d'entre elles. Après que l'enfant se soit ainsi exercé devant vous, lui faire remarquer ses façons de faire et l'aider à établir un lien entre ces méthodes et celles qu'il doit utiliser pour mémoriser des matières scolaires (regarder, lire, imaginer, se dire, s'exercer et… réussir!).

- Plusieurs jeux de mémoire peuvent se faire très facilement à la maison ou en voiture. On peut les varier à l'infini si on permet à l'enfant de laisser libre cours à son imagination. Par exemple, le traditionnel jeu «Ma tante part en voyage et elle apporte…», qui peut aussi prendre la forme de «Mon père va au marché et rapporte…», ou de «Je fais une recette, je mets…», de «Mon enseignant apporte à l'école un…», ou encore de «Marie va à la ferme et voit…». En fait, chacun ajoute à son tour un élément au dernier élément nommé et donc à la série d'items énumérés en prenant soin de répéter d'abord chaque fois la liste des éléments précédents. Par exemple:

«Ma tante part en voyage et elle apporte…sa valise.»

Le suivant dit: «Ma tante part en voyage et elle apporte… sa valise et sa brosse à dents.»

Puis, c'est: «Ma tante part en voyage et elle apporte… sa valise, sa brosse à dents et son mouchoir.»

Et ainsi de suite jusqu'à ce que quelqu'un oublie un élément.

- On peut rendre ce jeu plus facile si on prépare à l'avance des cartes sur lesquelles on colle des images ; l'enfant en pige une et ajoute ainsi son élément aux premiers. Le suivant fait de même en mettant son image sur la précédente. Bien qu'elles soient cachées, les images reviennent généralement en mémoire plus vite que les mots. L'enfant dispose ainsi d'un élément visuel pour soutenir sa mémorisation ; celle-ci peut en effet s'avérer difficile pour les enfants qui ont moins d'habiletés sur le plan verbal. Ce jeu est un excellent exercice pour aider l'enfant à prendre conscience des stratégies qu'il utilise pour mémoriser et pour les améliorer.

- Les enfants qui ont des troubles d'apprentissage ou de langage peuvent s'aider en mimant les mots qu'on ajoute à la série quand cela est possible. En effet, le simple fait de mimer l'objet les aide bien souvent à retrouver le mot et à l'évoquer. Ils apprennent ainsi à utiliser leurs autres sens pour compenser leur mémoire auditive souvent déficitaire (soutiens visuels et kinesthésiques).

- Deux variantes peuvent aussi s'avérer très amusantes. Il s'agit, pour le jeu « Ma tante part en voyage », de demander aux enfants de trouver à tour de rôle des mots commençant par les lettres de l'alphabet tout en respectant leur ordre ; ainsi la tante pourrait apporter un Artichaut , un Bateau, un Canard, etc. La deuxième variante consiste à ne trouver que des adjectifs à l'objet qu'elle apporte, la première lettre de chacun de ces adjectifs devant suivre l'ordre alphabétique ou, ce qui complique davantage le jeu, que des adjectifs qui commencent par la même lettre. Ainsi, la tante pourrait apporter un ourson en peluche Abîmé, Boiteux, Cassé, Dodu, Énigmatique, etc. ; ou, si l'on choisit des adjectifs commençant par la lettre F, elle aurait avec elle un ourson Fabuleux, Fantaisiste, Fauché, Fourbu, Francophone, etc. Cette dernière version ne convient qu'à des enfants âgés d'au moins 8 ou 9 ans.

- Mémoriser des séries de gestes. Les enfants doivent être placés en cercle ou les uns face aux autres. Le premier fait un geste, le deuxième refait ce geste et en fait un autre. Le prochain doit refaire les deux gestes et en ajouter un à son tour, et ainsi de suite… Celui qui en oublie un est éliminé jusqu'à ce qu'il ne reste qu'un seul joueur qui devient le gagnant.

- Disposer plusieurs objets sur une table et inviter l'enfant à bien les observer. Recouvrir ensuite l'ensemble à l'aide d'un drap et enlever un des objets à l'insu de l'enfant; par la suite, on soulève le drap et l'enfant doit découvrir quel est l'objet disparu.

- Lors d'exercices qui exigent des habiletés de mémorisation, lui rappeler la clé pour y parvenir, soit l'utilisation du plus de sens possible; regarder, écouter et agir. Un aide-mémoire pourrait être affiché devant sa table d'étude:

  – Je regarde.
  – Je me dis.
  – J'écris, dessine ou schématise.

  Pour appuyer cette recommandation, on peut lui expliquer que des études précisent que l'on retient:

  10 % de ce qu'on lit;

  20 % de ce qu'on entend (et que l'on se redit);

  30 % de ce l'on voit (et que l'on revoit mentalement);

  50 % de ce qu'on lit, voit ET entend;

  80 % de ce qu'on est en mesure d'expliquer à autrui;

  et 90 % de ce que l'on écrit, dessine, fabrique, après avoir bien regardé et entendu, traduit dans nos propres mots, expliqué à autrui, bref, de ce que l'on apprend quand on s'implique activement dans une démarche d'apprentissage. Aussi, il est reconnu qu'on oublie 95 % de la matière étudiée après un mois quand on ne la révise pas régulièrement ou lorsqu'on cesse de s'y exercer. Dans cette perspective, le cahier d'étude proposé à l'enfant pour l'aider à devenir plus actif dans sa démarche d'apprentissage prend tout son sens.

Les habiletés de motricité fine

- Porter une attention particulière à la manière dont l'enfant tient son crayon. Il doit le tenir avec trois doigts et non quatre. Pour favoriser une bonne préhension du crayon ou la corriger, il est possible de se procurer de petits supports ergonomiques qui sont en vente à bas prix. Certains ont la forme d'un triangle que l'on glisse sur le crayon et qui ne permet à l'enfant que de le tenir avec trois doigts. D'autres ont la forme de « petites boules de gomme » et, de la même façon, ils obligent l'enfant à ne poser ses doigts que dans les cavités destinées à cette fin.

Préhension adéquate   Préhension inadéquate

- Encourager l'enfant à gribouiller, dessiner, peindre, pétrir de la pâte à modeler, enfiler des perles ou des céréales en forme d'anneaux sur de minces cordelettes ou sur des réglisses pour faire des colliers de fête. Toute activité qui peut l'aider à améliorer son habileté et sa coordination visuomotrice est souhaitable. Plus ses mains sont habiles, moins il dépense d'énergie à former de belles lettres, ce qui lui permettra d'acquérir plus facilement le goût d'écrire.

- Lui offrir un tableau noir sur lequel il peut tracer de grandes lettres, effacer et jouer à l'enseignant. Les enfants aiment écrire sur un tableau noir ; la grande facilité d'y effacer les erreurs fait de cet outil un élément très utile pour les travaux scolaires.

- Lui demander de vous aider dans la cuisine. Différentes petites tâches sont faciles et agréables à réaliser pour un enfant et, une fois de plus, vous lui permettez ainsi d'exercer l'agilité de ses mains et de se sentir utile à la vie familiale.

Des activités pour enrichir les apprentissages scolaires

Les activités proposées dans les pages suivantes ont pour objectif d'inciter l'enfant à utiliser ses nouvelles habiletés dans la vie courante et à y trouver du plaisir. Là est souvent la clé du succès ; cela donne à l'enfant l'envie d'investir des activités à caractère intellectuel et la force de surmonter des difficultés en mettant en œuvre différentes stratégies, différents trucs.

Au point de départ, le plaisir vécu autour des apprentissages s'acquiert grâce à la relation établie avec les parents. C'est pour cette raison que nous croyons que ceux qui prennent le temps de faire ces activités complémentaires avec l'enfant, tout en demandant une certaine autonomie au moment des devoirs et des leçons, lui donnent un avantage certain. Ils permettent ainsi que l'apprentissage scolaire prenne tout son sens pour l'enfant et qu'il devienne intéressant et utile.

Autour de la lecture

- Faire la lecture à l'enfant dès son plus jeune âge et poursuivre même lorsqu'il est en âge de lire seul. Le moment choisi est déterminant pour que s'établisse le climat de détente et de plaisir nécessaire à une lecture intéressante. Le temps consacré à cette période peut se limiter à quelques minutes par jour, l'important étant que le moment choisi convienne à tout le monde. Les intonations de la voix et le ton utilisé par la personne qui lit enrichit ce moment en rendant le récit vivant, générateur d'images mentales, de discussions possibles et… de plaisir.

- Éviter de faire de la lecture un acte de contrôle en forçant l'enfant à tout lire à haute voix et en le questionnant sur tous les détails du texte pour s'assurer de sa parfaite compréhension. En procédant ainsi, on limite à la fois ses capacités de comprendre le texte et ses possibilités de découvrir l'intérêt de la lecture, celui d'une activité plaisante faite d'abord pour soi. On risque aussi d'encourager la dépendance de l'enfant à l'égard de l'adulte lorsqu'il s'agit de « faire de la lecture » (par opposition à « lire ») ; et d'en faire ainsi un terrain propice à l'opposition passive de l'enfant qui se désintéresse de la lecture quand elle n'est pas obligatoire.

- Encourager, le plus rapidement et le plus souvent possible, la lecture silencieuse. Pour vérifier sa compréhension du texte, on peut demander à l'enfant dans un deuxième temps de nous lire son passage préféré (ce qu'il devrait être en mesure de faire avec plus de fluidité s'il a d'abord lu ce texte dans sa tête), de dessiner ce qu'il vient de lire avec le plus de détails possible ou d'inventer une autre fin ou un autre titre à l'histoire.

- Avant de commencer la lecture d'un livre, encourager l'enfant à regarder les images ou à en lire le résumé, les titres des chapitres et des sous-chapitres; l'inviter aussi à réfléchir à l'information qu'il aimerait y trouver, à émettre des hypothèses et à faire le tour de ce qu'il connaît déjà sur le sujet. Toute cette préparation mentale prédispose à une plus grande compréhension du texte. Pendant la lecture d'un texte long ou complexe, inciter l'enfant à s'arrêter à quelques reprises pour réfléchir à ce qu'il vient de lire et à prendre le temps de faire des liens tout en se posant de nouvelles questions. La lecture est un acte dans lequel on doit s'engager mentalement de façon active et, en ce sens, est bien plus complexe qu'une simple activité de décodage.

- Tolérer que l'enfant lise à peu près n'importe où et qu'il essaie de déchiffrer à peu près n'importe quoi, y compris les inscriptions sur les boîtes de céréales.

- L'encourager à lire lui-même les consignes écrites sur les cartes qui accompagnent les jeux de société ou certaines parties des règlements, celles qu'il serait en mesure de comprendre et d'expliquer ensuite aux autres.

- L'abonner à la bibliothèque du quartier ou de la ville.

- Lui offrir un coin à la maison où il peut ranger ses propres livres. Certains enfants prennent aussi un grand plaisir à organiser des échanges ou des prêts de livres, en mettant parfois sur pied un système de cartes d'emprunt.

- Lui permettre ou l'encourager à faire la lecture à des plus jeunes.

- Accepter que l'enfant se laisse distraire et qu'il vous fasse part des souvenirs que sa lecture lui rappelle ou des questions qu'elle soulève en lui. Les parents peuvent aussi arrêter la lecture à l'occasion pour expliquer le sens de certains mots en utilisant des synonymes et pour poser des questions sur le déroulement possible de l'histoire. Pour être intéressant, un récit doit résonner à l'intérieur de celui qui le lit; il est important que l'enfant puisse prendre conscience du travail intérieur qui se fait en vous au fur et à mesure que se déroule le récit.

• S'amuser à imaginer que vous devenez les personnages de l'histoire, à inventer une fin ou un déroulement différent ou à expliquer ce que le lecteur aurait fait à la place d'un personnage de l'histoire devant la même situation.

• Varier le plus possible les types de lecture de l'enfant (récits d'aventures, biographies, récits de science-fiction, poèmes, blagues, etc.).

• Demander à l'enfant, lors d'activités que vous faites ensemble (des recettes ou du bricolage par exemple), de lire les consignes étape par étape pour vous guider dans votre réalisation.

• Écouter des cassettes de chansons en lisant avec lui les paroles dans le livret d'accompagnement, et ce, dans le but de pouvoir les chanter ensemble par la suite.

• L'ordinateur, les logiciels éducatifs et Internet sont des moyens efficaces pour faire naître chez l'enfant le plaisir de la lecture en autant qu'un certain contrôle soit exercé par les parents pour en éviter les abus.

• Lui écrire parfois des petits messages et les placer un peu partout, dans son sac d'école, dans sa boîte à lunch, sur la porte du réfrigérateur ou sur celle de sa chambre.

• Si vous devez quitter la maison pour quelques jours, enregistrer un petit livre sur cassette en prenant soin pour les plus jeunes de faire sonner une clochette au moment de tourner les pages. L'enfant pourra ainsi continuer à profiter de ce précieux moment avant d'aller dormir malgré votre absence.

- Faire la lecture en équipe, c'est-à-dire en vous répartissant les rôles des personnages qui prennent la parole dans l'histoire ou, tout simplement, en lisant à tour de rôle les phrases ou les paragraphes. L'enfant doit rester très attentif afin de pouvoir être prêt à lire quand vient son tour.

- Permettre aux plus jeunes qui commencent l'apprentissage de la lecture de vous lire un petit livre même si vous savez qu'il le connaît par cœur. Tolérer aussi qu'il devine certains mots à partir des illustrations si ce qu'il dit est en rapport avec le déroulement de l'histoire. L'aider parfois à se corriger en vérifiant les lettres qui composent le mot et passer outre à d'autres erreurs pour éviter d'interrompre le récit trop souvent et de diminuer ainsi son ardeur. Plutôt que de lui faire découper tous les mots inconnus en syllabes et de rendre ainsi la lecture trop fastidieuse, lui souffler les mots trop difficiles ou l'encourager à deviner à partir du sens du texte. De cette façon, le récit ne perd pas son sens, ce qui est essentiel pour que l'enfant continue à lire tout en parvenant à « deviner » la suite ou certains passages en fonction du contexte; cela constitue une des premières stratégies de lecture que l'enfant doit apprendre.

- Il existe différents jeux pour aider l'enfant à devenir autonome sur le plan de la lecture. Pensons, par exemple, au mime et, plus précisément, à des scènes qui doivent d'abord être écrites sur des cartons avant d'être mimées. L'enfant pige un carton et mime ce qu'il y lit; les autres doivent découvrir ensuite ce que l'enfant est en train de mimer. Le jeu « Fais-moi un dessin » est une variante de ce jeu : des objets, des actions, des scènes ou des personnages sont inscrits sur des cartons, et l'enfant doit en piger un, puis dessiner ce qu'il y lit ; les autres doivent deviner ce qu'il a dessiné.

Les moyens qu'on peut utiliser pour faire de la lecture une activité quotidienne et passionnante sont légion ; il suffit de se permettre d'être créatif. Il faut évidemment s'adapter au niveau de lecture de l'enfant et **éviter surtout de faire de ces activités des devoirs supplémentaires déguisés en « jeux »**. Les enfants ne sont pas dupes. Par ailleurs, il peut être intéressant d'écourter à certains moments les heures de devoirs au profit de ce type d'activités ; les enfants bénéficient alors d'un moment privilégié avec des parents qui prennent plaisir à découvrir leurs nouvelles habiletés.

Autour de l'écriture

- Écrire avec votre enfant de « vrais » livres, de style photo-romans par exemple, en vous inspirant des histoires qu'il met en scène dans ses jeux spontanés avec ses propres jouets (figurines, maisons de poupées, châteaux et chevaliers, etc.). Le projet consiste à inventer une histoire avec ces jouets et à prendre une photo à chaque étape du récit, en changeant les positions des personnages et les décors chaque fois que le déroulement de l'histoire l'impose. Lorsque les photos sont développées, l'enfant peut composer des phrases qui expriment bien l'idée imaginée durant son jeu, en prenant soin de bien décrire les liens qui existent entre chacun des plans. Le parent peut en écrire certaines parties si l'enfant est jeune ou en difficulté au plan de l'écrit. Ce livre peut ensuite être construit sur des feuilles de papier pliées en deux. On colle une photo sur une page et le texte correspondant sur la page adjacente. On garde la première page pour y inscrire très clairement le titre du livre et le nom de l'auteur et de ses collaborateurs s'il y a lieu. On peut évidemment faire un livre en utilisant aussi des dessins ou des images découpées dans des revues. Toutefois, les photos motivent davantage l'enfant ; d'une part, il y retrouve ses propres jouets et, d'autre part, c'est lui qui a d'abord imaginé l'histoire en la jouant réellement. Avec des enfants plus âgés, le photo-roman peut être fait avec de vrais personnages déguisés, des amis par exemple, à la manière d'une pièce de théâtre où chaque changement de plan est photographié puis mis en texte.

- Faire ensemble un journal familial en s'inspirant de faits vécus au sein de la famille ou chez des amis, d'anecdotes, des recettes préférées de chacun, de critiques de films, sans oublier de trouver un bon sujet pour la une de la première page. En s'inspirant d'un vrai journal, les idées ne manqueront pas.

- Écrire beaucoup et partout. Lorsque c'est possible, inviter l'enfant à participer à l'écriture des listes d'achats, des messages, etc. La liste d'achats prend un tout autre sens pour l'enfant s'il peut vous accompagner au magasin d'alimentation et vous aider à chercher ce qui est inscrit sur la liste.

- Écrire avec lui les paroles des chansons qu'il aime beaucoup. Il peut ensuite suivre les paroles lorsqu'il entend la chanson, les apprendre par cœur et les chanter avec vous ou ses amis. Vous pouvez également vous amuser à inventer de nouvelles paroles pour cette chanson, en respectant le nombre de syllabes de chaque phrase musicale, et en faire par la suite un enregistrement. Ce genre d'activité se marie très bien aux événements spéciaux, comme lorsqu'on veut souligner la fête de quelqu'un.

- Installer une boîte aux lettres dans une pièce pour que chacun puisse laisser des messages à qui il veut dans la maison (mot d'amour, mot d'excuses, demande, etc.). On peut aussi recueillir dans cette boîte les suggestions de sorties à faire ensemble ou de menus pour les repas de la semaine. Une seule consigne doit être précisée : chaque personne qui reçoit un message doit y répondre même si ce n'est que brièvement. Par contre, il faut éviter de corriger les petits écrits de la boîte à lettres, l'idée étant avant tout de donner à l'enfant l'envie de communiquer par écrit et non, encore une fois, de parfaire son orthographe.

- Photocopier des pages de bandes dessinées, soustraire le texte des bulles avec un liquide correcteur, pour ensuite photocopier à nouveau cette page et obtenir une copie qui ne contient que des bulles vides. L'enfant pourra alors mettre son propre texte dans les bulles et réaliser ainsi son propre livre de bandes dessinées.

- Lui apprendre la technique des pense-bêtes, c'est-à-dire à écrire ce qu'il ne veut pas oublier : se faire une liste des vêtements qu'il veut apporter au camp de vacances, celle des choses qu'il lui reste à faire pour réaliser un projet qui lui tient à cœur ou celle des mots clés qui peuvent l'aider à se rappeler ce dont il veut discuter avec son enseignant le lendemain. L'enfant plus âgé peut mettre par écrit ce qu'il aimerait dire à un ami avec lequel il a été en conflit dans la journée pour l'aider à clarifier ses idées avant qu'une discussion ait lieu. Tenir un journal personnel est aussi une activité souvent appréciée par les enfants à condition qu'ils soient certains que personne d'autre ne le lira même si la chose est souvent fort tentante pour le parent. Il est très important de savoir respecter l'intimité de l'enfant.

- Écrire de petites scènes de théâtre dans le but de les jouer réellement par la suite. Cette activité peut se faire individuellement ou en groupe ; dans ce dernier cas, chacun invente les répliques du personnage qu'il jouera. Faite en collectif, cette activité donne souvent lieu à une forme d'improvisation très intéressante. Ce type de projet convient très bien aux périodes de vacances.

• Toute forme de correspondance donne aux enfants l'envie d'écrire et de recevoir du courrier. Il y a plusieurs sites Internet où l'on peut avoir accès à des banques de correspondants. Toutefois, l'expérience nous apprend que le résultat est souvent décevant, l'enfant ne recevant pas souvent de réponses au courrier qu'il envoie ou les réponses qu'il reçoit étant ridiculement courtes et de piètre qualité. Le courrier postal demande plus de temps, mais il est généralement plus satisfaisant pour l'enfant. On peut trouver des correspondants dans différentes revues, mais plus simplement parmi les parents ou les amis.

• Entre amis, les enfants peuvent aussi s'inventer des codes secrets pour s'écrire des messages qu'eux seuls peuvent déchiffrer. Ils peuvent, par exemple, associer des lettres différentes à celles de l'alphabet (p pour a, par exemple), ou encore des chiffres (5 pour c) ou des signes (un rond pour a, un carré pour b, etc.). Les messages doivent alors être déchiffrés avec beaucoup d'attention.

• Écrire en petit groupe des phrases de plus en plus longues («élastiques»). À son tour, chacun écrit un bout et la phrase s'allonge tout en donnant de plus en plus de détails et en enrichissant le contexte. Par exemple : Le chien court. Le chien court dans la rue. Le chien noir court dans la rue déserte. Le chien noir court dans la rue déserte quand tout à coup… Cet exercice est très utile pour l'enfant qui a du mal à élaborer ses idées dans un texte.

- Il existe de nombreux logiciels éducatifs de même que plusieurs sites Internet qui favorisent le goût et l'apprentissage de l'écriture. (Voir les Ressources, en page 265.)

- Finalement, de très nombreux jeux éducatifs commerciaux demandent aussi d'utiliser abondamment l'écriture (par exemple, le *Scrabble*, le *Boggle*, le *Probe*, etc.). D'autre part, voici quelques jeux qui ne nécessitent aucun achat et qui ne demandent que du papier et des crayons.

➤ *Le jeu du bonhomme pendu* : il s'agit de faire deviner un mot à partir de sa première lettre qu'on fait suivre de petits filets indiquant le nombre de lettres à trouver. Un échafaud est dessiné à côté. Chaque fois qu'une mauvaise lettre est nommée, une partie du corps du bonhomme est dessinée à l'échafaud. Le bonhomme finira par être pendu si l'enfant ne découvre pas le mot avant que le dessin soit complété.

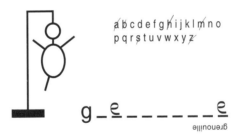

➤ *Le jeu du dictionnaire* : il s'agit de tenter de faire découvrir aux autres la bonne définition d'un mot qu'on a choisi dans le dictionnaire. Une fois le mot donné par le meneur du jeu, chacun tente d'écrire une définition de ce mot. L'important est que la définition ressemble aux genres de définitions que l'on retrouve dans un dictionnaire. Toutes les définitions sont ensuite mises ensemble, y compris la vraie définition du dictionnaire, et chacun vote pour celle qu'il croit être la bonne. Ceux qui découvrent la bonne définition gagnent 5 points. Tous les joueurs qui ont proposé des définitions retenues par les autres méritent 3 points par vote reçu. À la fin du jeu, le meneur remporte 10 points si personne n'a réussi à trouver sa définition, soit la véritable définition. Le premier joueur à accumuler 50 points est proclamé vainqueur.

➤ *Le jeu de l'improvisation écrite* : il s'agit d'écrire sur une feuille, à deux ou à plusieurs, une histoire sans jamais savoir ce que la personne précédente a écrit. La première personne écrit une phrase en mettant à part, sur une autre ligne, son dernier mot. Il replie ensuite la feuille de façon à ce que le joueur suivant ne voit que le dernier mot écrit par le premier joueur ; il doit continuer le récit à partir de ce dernier mot ; à son tour, il met à part, sur une autre ligne, son dernier mot et replie sa feuille. Et ainsi de suite jusqu'au bas de la page. Le joueur dont le dernier mot termine la feuille la déplie et fait la lecture à ses amis. Cette lecture ne manque jamais d'être drôle.

➤ *Le jeu des drôles de phrases* : un des joueurs choisit quelques lettres de l'alphabet au hasard (10 au maximum) et les autres doivent composer une phrase dont les mots commencent par ces lettres tout en respectant l'ordre dans lequel elles ont été choisies. Allouez un temps maximum de 10 minutes. Exemple : J A H Q L V A (**J'Ai Hâte Que Les Vacances Arrivent**).

➤ *Le jeu des catégories* : on vous en donne ici deux versions.

1re version : Dans un temps donné, chacun doit écrire le plus de mots possible d'une catégorie établie à l'avance (noms d'animaux, de métiers, de légumes…) et commençant par une lettre choisie au hasard.

2ᵉ version : Chaque joueur doit remplir dans un temps donné le plus de cases possible d'un tableau préparé à l'avance. Dans la colonne de gauche du tableau, on retrouve des lettres choisies au hasard et par lesquelles les mots inscrits doivent commencer. Dans le haut des autres colonnes du tableau, des catégories sont inscrites. À l'intérieur du temps alloué, l'enfant doit remplir les cases en tenant compte de ces deux contraintes, soit avec des mots qui commencent par les lettres données et qui appartiennent à une catégorie précise. Celui qui remplit le plus grand nombre de cases est le vainqueur. On peut ajouter des consignes : par exemple, celle de ne compter que les mots bien orthographiés.

	métiers	fruits	animaux	pays
A				
C				
P				
V				

➤ *Le jeu « Mon œil d'espion »* : ce jeu convient bien aux longs voyages en automobile. Le premier joueur choisit secrètement un objet qu'il voit dans la voiture et dit, par exemple : « Mon œil d'espion a repéré un objet qui commence par la lettre G. » Le premier à deviner l'objet en question en choisit un à son tour.

Autour des mathématiques

• Compter, mesurer, comparer, estimer, calculer souvent et partout. De très nombreuses activités de la vie quotidienne se prêtent bien à l'utilisation de ces acquis à la maison. Si on pense à la cuisine par exemple, on réalise bien toutes les opérations pour lesquelles les mathématiques nous sont utiles : mesurer, calculer un temps de cuisson, partager des portions, doubler une recette, lire les chiffres sur la cuisinière, etc. Même les fractions sont très souvent utilisées dans une cuisine (1/2 tasse, 1/4 de pizza, 3/4 de cuillerée à thé, etc.) et peuvent être comprises de façon très concrète.

- Jouer à la balle au mur, sauter à la corde ou même gravir les escaliers en comptant un à un les sauts ou les marches, puis par bonds de deux, de trois, de cinq, de dix, etc. Par exemple, l'enfant compte de 10 en 10 chaque fois que sa balle touche au mur (10, 20, 30…) ou encore par bonds de 5 quand il gravit l'escalier (5, 10, 15…).

- Dans différentes situations de la vie quotidienne, amener l'enfant à réfléchir à certains problèmes en utilisant des formulations semblables à celles des problèmes logiques donnés à l'école. Par exemple, si l'enfant veut s'acheter quelque chose et qu'il reçoit une petite somme d'argent chaque semaine pour services rendus, lui demander de calculer combien de semaines seront nécessaires pour qu'il économise la somme requise ; puis, le soutenir pour qu'il aille jusqu'au bout de son projet.

- Inviter l'enfant à calculer la moyenne de ses points lorsqu'il s'adonne à des jeux vidéos. Les plus vieux pourraient dessiner un graphique pour mieux voir leur progression, ce qui les initierait à cette façon de faire en mathématiques.

- Lui donner la responsabilité de gérer son argent de poche. Certains enfants apprennent à économiser en ayant leur propre compte de banque, même lorsqu'ils sont très jeunes. Il faut par contre se rappeler qu'il s'agit bien de l'argent de l'enfant et qu'un contrôle excessif de la part des parents n'aide pas l'enfant à prendre ses responsabilités. Sans le laisser dilapider son argent d'un seul coup, vous pouvez l'encourager à se donner des projets d'économie à moyen ou à long terme et le soutenir dans sa démarche ; mais, au bout du compte, c'est à lui que revient la décision finale concernant ce qu'il fera de son argent (ou d'une partie de ces économies) si vous avez accepté au départ qu'il ait son propre compte de banque.

- Lui apprendre à compter de l'argent et à calculer ce que le vendeur doit lui remettre en échange lorsqu'il paie ses achats sans avoir la monnaie exacte. Ces calculs prennent tout leur sens dans la vie quotidienne lorsqu'on donne à l'enfant certaines responsabilités qui sont à sa mesure et qui lui permettent de faire ses propres expériences tout en mettant ses nouvelles habiletés en pratique.

- Lire l'heure sur différents types de cadrans, calculer le temps passé à faire une activité, celui à écouler avant de quitter la maison pour une sortie, estimer le temps requis pour faire quelque chose, planifier une journée en prévoyant un laps de temps pour faire chacune des activités prévues, etc.

- Lui apprendre à gérer un calendrier, à y inscrire des dates importantes, à calculer le temps qui passe en nombre de jours, de semaines et de mois. Il est aussi amusant pour les enfants de calculer l'âge qu'il aura quand sa petite sœur entrera à la maternelle ou en quelle année scolaire il sera lorsqu'il aura quinze ans.

- Jouer aux dés avec l'enfant. En lançant deux dés avec les plus jeunes et quatre avec les plus âgés, on additionne les points que les joueurs accumulent jusqu'à un total fixé à l'avance pour gagner la partie. En jouant avec quatre dés, on peut ajouter l'opération de soustraction ; on lance d'abord les deux premiers dés que l'on additionne ensemble, puis les deux autres que l'on additionne également. Si le premier résultat est plus grand que le deuxième, on soustrait le deuxième du premier ; s'il est plus petit, on les additionne, et ce, jusqu'à concurrence d'un nombre de points déterminé à l'avance. On peut faire le même jeu en multipliant les points marqués sur les dés.

- Différents jeux pouvant inciter les jeunes à jouer avec les mathématiques sont disponibles sur le marché. En voici quelques-uns.

➤ *Equals* et *Mixmath* : ces jeux ressemblent à un *Scrabble* dans lesquels les lettres sont remplacées par des chiffres. Il s'agit d'agencer les unes aux autres, à tour de rôle, différentes opérations mathématiques.

➤ *Da-di-do* : ce jeu permet de jouer avec les tables de multiplication. Celui qui connaît bien ses tables peut y jouer sans problème ; celui qui est encore en train de les apprendre peut trouver les réponses sur la table offerte avec le jeu ou les calculer à l'aide d'une calculatrice, ce qui peut engendrer un intérêt additionnel pour l'enfant.

➤ *Le jeu des serpents et échelles* : ce jeu traditionnel permet de familiariser les jeunes enfants aux nombres ordonnés en ordre croissant et décroissant. De plus, le fait de jouer avec les dés permet à l'enfant de découvrir le concept de l'addition et de commencer à adopter certaines stratégies. Au début, l'enfant compte point par point, puis il s'habitue aux formes par lesquelles les nombres sont représentés — la disposition des points sur le dé — et il en vient à additionner aisément à la simple vue de ces formes. L'idée à retenir est que jouer avec des dés est plus intéressant que de répéter par cœur les tables d'addition, mais cette façon de faire est tout aussi efficace puisqu'elle crée autant d'automatismes, parfois même plus, chez l'enfant.

- Voici quelques jeux de chiffres qui ne requièrent aucun achat.

➤ Lors de longs trajets en voiture, faites des concours d'obser-vation : chacun décide ce qu'il compte (les voitures rouges, les blanches, les bleues, les affiches publicitaires, les panneaux de signalisation routière, etc.). Après une période de temps déterminée à l'avance, chacun fait ses propres statistiques.

➤ *Le mathémathlon* : un autre jeu à faire lors de longs trajets en automobile. Il s'agit de dire à voix haute puis d'additionner ou de multiplier, selon la consigne choisie au préalable, les chiffres inscrits sur la plaque d'immatricula-tion d'un véhicule qui vient de passer. Le premier qui a une bonne réponse est proclamé gagnant. Les parents sont invités à jouer le rôle de juges pour que ce jeu se déroule bien.

➤ *Le crac boum* : à tour de rôle, les enfants disent des suites de chiffres en respectant des consignes déterminées à l'avance ; par exemple, on pourrait décider de ne pas prononcer le 2 et le 7 qui seront remplacés par les mots crac et boum, même lorsqu'ils forment des nombres (12, 27, 47, 72…). La série ressemblerait alors à : 1 crac 3 4 5 6 boum 8 9 10 11 1crac 13 14 15 16 1boum 18 19 crac0 crac1 craccrac crac3… Ce jeu peut aussi être utilisé pour enseigner les mul-tiples à l'enfant, en remplaçant un chiffre et ses multiples par un mot comme tac : 1 2 tac 4 5 tac 7 8 tac…

- Différents logiciels éducatifs et sites Internet offrent aussi de nombreuses possibilités. Ils aident parfois à acquérir ou à découvrir cette fameuse « bosse » des mathématiques tout en permettant à l'enfant d'y trouver du plaisir. (Voir les Ressources, en page 265.)

Les activités «passe-partout»

D'autres activités peuvent être utiles tant sur le plan de l'acquisition d'attitudes favorables à l'apprentissage que sur celui des stratégies cognitives, des habiletés et des connaissances proprement dites.

- *La télévision*: la télévision peut devenir un outil pédagogique fort intéressant, car elle offre assez souvent une programmation riche en émissions éducatives. Bien sûr, les enfants tolèrent mal qu'on cherche à contrôler tout ce qu'ils regardent et, en ce sens, il faut leur laisser une certaine latitude tout en assurant un bon encadrement. Prendre le temps de choisir une émission et de la regarder avec l'enfant; par la suite, initier une discussion qui ne peut qu'aider l'enfant à aller plus loin dans les réflexions suscitées. Il devrait pouvoir exprimer son point de vue sur ce qu'il vient de voir et d'entendre, écouter le vôtre, faire des liens avec ce qu'il connaît déjà ou avec son propre vécu. L'émission et la discussion l'amèneront à se poser de nouvelles questions et celles-ci peuvent servir de point de départ à une recherche plus approfondie qui peut se faire, par exemple, à la bibliothèque du quartier ou de la ville. **Attention**: les pédiatres recommandent généralement pour tous les enfants, qu'ils aient ou non des difficultés d'attention et de concentration, un maximum de sept heures par semaine à passer devant le petit écran (téléviseur, ordinateur et jeux vidéos réunis).

- *Les jeux de mémoire ou de loto*: ces jeux sont aussi riches en possibilités. Fabriquer une série de petits cartons sur lesquels on inscrit d'un côté les questions et de l'autre les réponses. Les disposer en deux groupes bien distincts, face contre table, et de façon à ce que l'on puisse facilement mémoriser leur emplacement (colonnes et rangées). Les participants doivent tour à tour piger un carton de chacun des groupes et les retourner. Si l'appariement est correct, le participant remporte cette paire et joue à nouveau. Sinon, il remet les cartons là où il les a pris afin que chacun puisse tenter de se rappeler leur emplacement. Le gagnant est celui qui a le plus de paires à la fin du jeu. On peut varier ce jeu en l'utilisant aussi bien pour les opérations mathématiques que pour les terminaisons de verbes en conjugaison ou pour les mots de vocabulaire dont on retire une syllabe et en remplaçant les lettres manquantes par des tirets sur un des cartons. En écrivant les lettres qui ont ainsi été retirées sur le carton-réponse, l'enfant doit les réunir en pigeant chacune des parties du même mot, sans quoi il les remet à leur place en tentant de se souvenir de leur emplacement pour un agencement plus adéquat lors d'une pige ultérieure.

- *Les jeux de société* : la plupart de ces jeux sont une valeur sûre parce qu'ils incitent les membres de la famille à prendre le temps d'être ensemble. Sur le plan des attitudes, chacun a beaucoup à apprendre pour arriver à ne pas quitter le jeu. En effet, ces jeux sont parfois très difficiles pour certains enfants ou certains parents qui tolèrent mal la frustration. Il faut apprendre à attendre son tour, à perdre, à prendre sa place au bon moment, à s'exprimer avec respect même lorsque tout ne va pas comme on le souhaite, etc. De plus, ces jeux exigent souvent une certaine concentration, des habiletés réflexives et des stratégies, sans compter toutes les connaissances qu'ils permettent parfois d'acquérir ainsi que les habiletés pédagogiques qu'ils permettent d'exercer.

- *Les casse-tête* : on doit user de stratégies pour aller jusqu'au bout d'un casse-tête. Le parent peut expliquer à voix haute comment il s'y prend lui-même lorsqu'il fait un casse-tête. Ainsi, il peut dire qu'il commence toujours par faire le contour, qu'il regroupe ensuite les différents morceaux de même couleur, qu'il s'inspire du modèle sur la boîte pour les situer dans l'ensemble, etc. Certes, les casse-tête exigent une grande patience, mais d'une étape à l'autre, le travail accompli reste et ne peut que progresser. L'enfant voit concrètement les fruits de ses efforts et acquiert ainsi de la persévérance. Cette activité comporte un aspect motivant additionnel pour l'enfant qui bénéficie de la présence de ses parents autrement qu'au cours des obligations quotidiennes ou des travaux scolaires. Il permet aussi le dialogue entre ceux qui partagent cette activité, ce qui est loin d'être négligeable.

• *Les jeux de construction ou les ensembles de bricolage* : les activités manuelles destinées aux enfants sont en général très bien présentées et l'enfant a de bonnes chances d'arriver à un résultat fort gratifiant s'il suit bien les instructions. De plus, ce genre d'activité permet de développer non seulement les habiletés manuelles, mais aussi des habiletés au plan de l'organisation spatiale et temporelle (séquentielle) qui s'avèrent essentielles à la réussite scolaire.

• *Les collections* : les enfants adorent faire des collections. Cette activité permet notamment de lire, d'écrire, de faire des recherches, de compter, etc. Il s'agit de choisir l'objet de la collection, le système de rangement, la façon d'annoter les objets et de définir les catégories pour que le cumul d'objets d'une même sorte prenne un sens et ait une valeur éducative.

• *Le chronomètre* : cet objet peut s'avérer très utile pour enrichir plusieurs activités. L'enfant peut s'amuser à chronométrer tout ce qu'il veut ou tenter de raccourcir le temps qu'il prend pour s'habiller le matin ou pour remplir ses tâches quotidiennes. Évidemment, il doit aussi apprendre que la vitesse n'est pas un critère de réussite partout, surtout pas en ce qui concerne les travaux scolaires. Mais le chronomètre peut parfois venir à la rescousse d'un enfant qui trouve une tâche ennuyante ou qui ne voit plus suffisamment de défi dans les tâches à accomplir. Il peut aussi aider un enfant rêveur à se donner des objectifs en terme de temps à améliorer pour effectuer telle ou telle tâche. De plus, il permet à l'enfant de se familiariser avec la notion du temps qui passe et à mieux s'organiser avec les périodes de temps prévues pour répondre à différentes exigences.

- *Le jeu du coin-coin*, appelé aussi « cocotte », peut être utile à la mise en pratique de multiples habiletés dont l'écriture. Le coin-coin est une feuille de papier pliée plusieurs fois que l'enfant manipule en donnant des choix à un partenaire qui doit découvrir ce qui se cache sous les rabats. Une fois plié (voir la technique ci-après), on dessine sur le coin-coin quatre formes. Le partenaire en choisit une que le manipulateur épelle en ouvrant et en fermant le coin-coin, d'un côté puis de l'autre alternativement. À la fin du mot, le coin-coin est ouvert et le partenaire choisit un des nombres écrits à l'intérieur. Le manipulateur ouvre et ferme à nouveau le coin-coin en comptant jusqu'au nombre choisi. Le partenaire choisit un autre nombre et le manipulateur soulève le rabat afin de lire le message qui est inscrit sous ce nombre ; il peut s'agir d'une qualité (par exemple : tu es génial), d'une prédiction (par exemple : tu seras riche), ou d'un gage à accomplir (mime, devinette, opération mathématique à effectuer, etc.). L'enfant peut y inscrire ce qu'il veut.

Sur le dessus du coin-coin, l'enfant peut remplacer les formes à épeler par des couleurs ou par des images d'objets découpées dans des revues. Il épelle alors le nom de la couleur ou de l'objet pour commencer le jeu. Ce petit jouet est infiniment riche en possibilités dans la mesure où on se permet d'être original. Préparer le coin-coin est tout aussi amusant et stimulant en termes d'efforts pour sa construction que le fait de pouvoir le manipuler par la suite et de partager le fruit de sa créativité avec d'autres.

Pour fabriquer un coin-coin:

1. Prendre une feuille de papier carrée.
2. Plier la feuille en deux.
3. La déplier et la plier en deux dans l'autre sens.
4. Déplier la feuille.

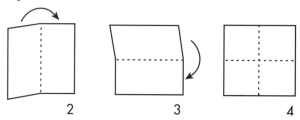

5. Ramener chaque coin vers le centre de la feuille. On obtient un carré plus petit.

6. Retourner ce carré à l'envers et faire avec ce nouveau carré la même chose qu'au point 5.

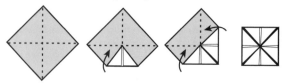

7. Former le coin-coin en le pliant en deux horizontalement, puis verticalement. Le serrer entre les doigts (l'index et le pouce de chaque main dans chacun des quatre coins, comme s'ils formaient deux pinces). S'exercer à manipuler le coin-coin.

8. Il ne reste maintenant qu'à y inscrire les messages, les nombres et les formes (ou les couleurs ou les images découpées).

 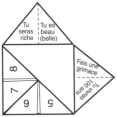

- *La chasse au trésor* : cette activité, lorsqu'elle est préparée avec l'enfant, permet de mettre en pratique plusieurs habiletés et connaissances. Il s'agit de placer à différents endroits dans la maison ou à l'extérieur une série d'indices qui doivent être numérotés pour que les enfants suivent le parcours dans le bon ordre. Dans la version la plus intéressante, tous participent à l'élaboration du jeu. Chacun écrit avec un crayon d'une couleur différente une série de 10 ou 12 indices qui mènent à son trésor. Il y a donc autant de trésors qu'il y a d'enfants. Les enfants s'échangent les indices de départ une fois que chacun, à tour de rôle, a caché ses indices et son trésor. Tous commencent la chasse en même temps et chacun suit les indices qui sont de la même couleur que celle de son indice de départ. Si un joueur tombe par hasard sur un indice de couleur différente, il remet le papier à sa place et continue sa recherche. Le premier à trouver son trésor est le gagnant.

TROISIÈME PARTIE

DES ENFANTS AUX BESOINS PARTICULIERS

▼

Les deux premières parties de cet ouvrage portaient sur la mise en place d'attitudes favorables aux apprentissages et sur l'acquisition de stratégies susceptibles d'aider les enfants au plan scolaire. Or, les parents d'enfants qui présentent des problèmes d'apprentissage se demandent comment les aider de façon plus spécifique.

Nombreux sont les petits qui vivent des difficultés réelles et tellement sérieuses que la période des devoirs et des leçons devient extrêmement pénible ; leurs parents doivent constamment reprendre « la classe » le soir à la maison en plus d'avoir parfois à forcer l'enfant à faire ses travaux. Les attitudes négatives de ces enfants sont presque normales quand on sait à quel point l'école est pour eux source de conflits et de pression ; ils ne parviennent pas à suivre le rythme de la classe et à répondre aux attentes de leurs parents, à l'école comme à la maison.

Ces enfants sont doublement pénalisés. En classe, ils connaissent souvent l'échec et, à la maison, ils doivent se soumettre à une période de devoirs et de leçons qui s'allonge indûment, sans compter qu'elle se déroule souvent dans un climat tendu. Pire encore, dans bien des cas ces heures supplémentaires ne les aident même pas à mieux réussir. Les enfants sont témoins de l'impuissance ressentie par leurs parents et ils s'en sentent responsables. Malgré toute leur bonne volonté, les parents finissent par ne plus pouvoir cacher leur découragement.

Pourtant, l'aide parentale permet à certains enfants de garder la tête hors de l'eau. Dans ce cas, c'est généralement parce que les parents arrivent à traduire l'information reçue à l'école (verbalement) dans un mode plus accessible à l'enfant (non verbal). Ils remâchent la matière et la remettent ainsi digérée à l'enfant, comme le fait la mère oiseau avec ses oiselets. Par contre, dès que cette aide est suspendue, l'enfant cesse d'être «hors de l'eau». L'enfant est pris dans un cercle de dépendance à l'égard de ses parents et il est normal qu'au cours de son développement, il manifeste activement ou passivement une certaine opposition face à eux. Or, les parents perçoivent parfois cette opposition comme un manque de reconnaissance à leur égard, d'où l'escalade des tensions suivie de la démission de chacune des parties, de façon progressive ou abrupte.

Quand un enfant présente de sérieuses difficultés d'apprentissage ou un problème d'attention, avec ou sans hyperactivité, ses parents ne peuvent à eux seuls répondre à ses besoins particuliers ni suppléer au manque de ressources du milieu scolaire. Après avoir identifié le problème, ils doivent pouvoir compter sur des services spécialisés de qualité qui les orienteront vers les mesures à prendre afin d'aider judicieusement leur enfant.

Dans cette troisième partie, nous parlerons des difficultés les plus souvent observées chez les enfants qui ont des besoins particuliers, du fait qu'ils soient garçons ou filles. Nous aborderons ensuite la question plus spécifique des difficultés d'apprentissage les plus courantes. Nous insisterons surtout sur les moyens que les parents peuvent utiliser pour venir en aide à leurs enfants au moment des devoirs et des leçons à la maison. Ces moyens compléteront souvent les recommandations données par les intervenants scolaires et les spécialistes, qu'il ne faut pas hésiter à consulter pour mieux cerner la nature des problèmes en jeu. Nous terminerons cette partie par une revue de questions fréquemment posées par les parents qui consultent au sujet des difficultés scolaires de leur jeune.

CHAPITRE 5

DEVOIRS ET GRINCEMENTS DE DENTS

▼

Mathieu est en quatrième année. Il s'agit d'un bel enfant qui, si on excepte ses problèmes scolaires, n'a jamais causé de soucis à ses parents. Il s'est développé normalement, malgré plusieurs otites en bas âge, et il étonne souvent son entourage par sa capacité d'observation et sa mémoire qui dépassent largement celles de la plupart des enfants de son âge. Pourtant, à l'école, rien ne va. Ses parents sont revenus bouleversés de leur dernière rencontre avec l'enseignante. Selon celle-ci, Mathieu ne parvient pas à se concentrer à l'école; il lui manque toujours quelque chose; il ne termine pas ses travaux, ne comprend pas les consignes et accumule des retards scolaires malgré l'intervention récente de l'orthopédagogue. Cette spécialiste ne peut le recevoir qu'une fois tous les neuf jours, dans un sous-groupe de quelques élèves ayant, eux aussi, des besoins particuliers.

Depuis sa deuxième année, les parents ont constaté ces difficultés et demandent un redoublement pour leur fils, mais les intervenants scolaires ont toujours maintenu qu'il était intelligent et qu'il réussirait mieux s'il était plus motivé. Ils recommandent donc plutôt aux parents de l'accompagner de près dans ses devoirs et ses leçons. Or, cette tâche est difficile parce que le soir, en plus de ses devoirs et de ses leçons, l'enfant doit régulièrement compléter des travaux qu'il n'a pas été en mesure de terminer à l'école.

Mathieu est essoufflé, ses parents aussi. À la maison, la période de travaux scolaires tourne souvent en guerre de tranchées. Sa mère a toujours été à ses côtés pour que son fils *commence*, *continue* et *termine* ce qu'il a à faire. N'en pouvant plus et voyant sa relation avec son fils se détériorer chaque jour, elle tente de le laisser se débrouiller seul afin qu'il assume ses responsabilités. Malgré tout ce qu'elle a fait pour lui, Mathieu s'enlise. Conclusion : son aide n'a pas été suffisante.

Suite à l'évaluation des habiletés d'apprentissage de Mathieu, il devient clair que, malgré son potentiel intellectuel supérieur à la moyenne des enfants de son âge, cet enfant présente des difficultés d'apprentissage qui n'ont pas été dépistées jusqu'alors parce qu'il parvenait à compenser tant bien que mal avec l'aide quotidienne reçue à la maison et à l'école. Toutefois, cette aide ne suffit plus. Mathieu se défend maintenant de la trop grande proximité de ses parents autour des travaux scolaires ; il vit cette proximité comme une pression supplémentaire, mais il n'arrive pas à assumer seul ses devoirs et ses leçons, ce qui ne lui amène que des frustrations.

En fait, Mathieu est l'un de ces très nombreux garçons qui ont maîtrisé les rudiments du langage plus tardivement que ses compagnons et qui ont développé des difficultés d'apprentissage pour lesquelles aucune aide spécialisée n'était disponible au début du cours primaire, étant donné que l'enfant réussissait mieux que d'autres. Ces derniers, eux, avaient droit à des interventions. Si Mathieu a pu garder la tête hors de l'eau aussi longtemps, c'est qu'il a reçu ce soutien parental auquel il s'oppose maintenant ouvertement.

Dans le cas d'un enfant comme Mathieu, exiger plus d'autonomie est un véritable défi tout autant qu'un objectif important à atteindre. Toutefois, cela ne sera possible que lorsque l'enfant aura adopté des stratégies d'apprentissage plus efficaces qui lui permettront de compenser lui-même ses difficultés. Il ne s'agit plus de lui refaire la leçon soir après soir, mais bien de lui « apprendre à apprendre », à partir de stratégies qu'il maîtrise déjà en partie (sans toutefois en avoir conscience) et qui lui ont permis d'acquérir une foule de connaissances dans différents domaines autres que scolaires.

Ses parents ont été pris en otage dans le sac d'école parce qu'ils pressentaient que Mathieu, dès son bas âge, aurait des difficultés à suivre le rythme de sa classe. Ils ont suppléé pendant trois ans au manque de ressources du milieu scolaire, mais le temps est venu de s'adresser à des spécialistes de l'apprentissage. Cela permettra d'éviter que Mathieu désinvestisse l'école au point où il ne pourra plus profiter de telles mesures à cause d'attitudes trop démissionnaires.

En plus de ses difficultés d'apprentissage, Mathieu a développé une dépendance envers ses parents et à ses enseignants en ce qui concerne l'organisation et l'apprentissage. Il se défend maintenant contre cette dépendance. Cela est normal, mais peut s'avérer fort problématique quand le terrain d'opposition devient celui de la réussite scolaire. Nous en sommes donc au point de redéfinir le rôle des partenaires concernés par cette réussite.

C'est à Mathieu de prendre en main sa vie scolaire, mais il ne pourra le faire que lorsque l'école lui aura fourni les moyens de s'en sortir. Dans son cas, ces moyens ont été mis en place trop tard et ils ne sont certainement pas suffisants (une période tous les neuf jours en petit groupe!). Son désengagement face à l'école est enclenché et, dans bien des cas, cela suffit à limiter l'impact d'une intervention qu'on peut qualifier de « saupoudrage de services ». Son âge, ainsi que ses besoins, obligent

maintenant ses parents à se limiter à un rôle d'accompagnateurs. Sans cela, c'est toute la vie familiale qui deviendra
conflictuelle tandis que Mathieu, à l'aube de l'adolescence,
aura besoin du soutien de ses parents; de là l'importance de
mettre en place des services concertés et suffisants pour cet
enfant qui, au-delà de son étiquette d'«élève à risque», présente
déjà de sérieuses difficultés d'apprentissage.

L'histoire de Mathieu ressemble à celle de nombreux enfants,
en particulier à celle de tous ces garçons qui arrivent à l'école mal
équipés pour profiter du cadre scolaire parce qu'ils ont des
troubles de langage, d'apprentissage, d'attention ou autres.
Pour certains, ce sont de graves problèmes de développement
qui causent ces difficultés scolaires, mais la cause est souvent
beaucoup plus complexe parce que moins apparente. L'enfant
est intelligent, en santé et issu d'un milieu familial équilibré
qui valorise la réussite scolaire. Les parents de l'enfant en
difficulté comprennent bien les principes de base que nous
énonçons sur les attitudes et les stratégies, mais ils ont aussi
toute une série d'observations et de questions fort pertinentes
auxquelles il faut apporter de nouvelles réponses.

- Si je ne reste pas assis à côté de lui au moment des devoirs,
  il se lève constamment et ne fait pas ce qu'il a à faire.

- Comment lui demander d'être autonome s'il ne comprend
  même pas ce qu'il a à faire?

- Il lui manque constamment des cahiers ou des livres nécessaires à ses devoirs.

- Son agenda est resté à l'école ou il ne contient aucun rensei-
  gnement sur ce qu'il a à faire comme devoirs.

- Mon enfant peut réciter correctement ses leçons lorsqu'il
  est à la maison, mais il oublie tout quand il se retrouve
  devant sa feuille de contrôle en classe.

- Je lui explique cent fois les mêmes notions de base et il les oublie au fur et à mesure ; c'est toujours à refaire.

- Il est carrément dépassé par ce qui lui est enseigné en classe et il est incapable de faire seul ses devoirs et leçons.

- La période des devoirs et leçons s'allonge indûment parce, ne terminant pas ce qu'il doit faire en classe, il est obligé de finir ces travaux à la maison, le soir, en plus de ses devoirs.

Dans la plupart des cas, ces problèmes démontrent qu'un simple changement d'attitude parentale ne suffira pas à régler le problème des travaux scolaires à la maison. Les parents de Mathieu ont beau tenter de l'aider à acquérir un plus grand sens des responsabilités et plus d'autonomie au moment de ses devoirs et leçons, leurs efforts sont largement entravés car l'enfant se sent dépassé par les tâches demandées à l'école. Même si ses enseignants lui demandaient de s'organiser seul et de faire ce qu'il peut avant de demander de l'aide, Mathieu n'arriverait pas à grand-chose et aurait tôt fait de se sentir abandonné à son sort, la situation s'étant déjà trop détériorée et la partie étant perdue d'avance.

Dans ce type de problème, il est important de consulter pour tenter de mieux saisir la cause des difficultés de l'enfant ; cela permet d'éviter que ces difficultés ne deviennent chroniques et que l'enfant perde vraiment confiance en lui, ce qui minerait toute possibilité de résoudre les problèmes à moyen terme. Quant à Mathieu, nous reviendrons à son cheminement au chapitre 7.

Nous vous proposons maintenant un survol des problèmes que l'on retrouve le plus souvent chez des écoliers mal équipés et en panne face à ce que l'on attend d'eux. Nous présenterons ensuite différents moyens spécifiques pour aider les parents à accompagner l'enfant vivant des difficultés d'apprentissage à l'école ainsi qu'à la maison au moment des devoirs et des leçons. Ces moyens peuvent aider, mais ils n'exemptent pas les parents de la démarche qui leur incombe de tenter de faire préciser les raisons sous-jacentes aux problèmes de l'enfant.

Les garçons face à leurs devoirs : sont-ils vraiment différents ?

Sans vouloir généraliser, force est de constater à l'expérience que l'école est souvent plus difficile pour les garçons que pour les filles, spécialement au primaire. En effet, on y observe un écart de près de 20 % en lecture et en écriture entre les résultats des filles et ceux des garçons et ce, en défaveur de ces derniers. De plus, on retrouve généralement trois garçons pour une fille dans les classes d'adaptation scolaire, ces classes spéciales pour les enfants qui présentent des difficultés scolaires. Les statistiques sont également éloquentes quant au décrochage scolaire, toujours plus élevé chez les garçons que chez les filles.

Il existe bien sûr des facteurs sociaux qui expliquent en partie ces situations ; par exemple, les garçons ont plus besoin de bouger, sont souvent moins attentifs en classe et se soumettent moins facilement à la « position passive » inhérente à l'écart entre enseignant et apprenant. S'ajoutent à cela des facteurs neurologiques liés à la constitution du cerveau, qui ne fonctionne pas de la même façon chez un garçon que chez une fille. En effet, l'hémisphère gauche du cerveau, responsable entre autres des habiletés langagières, se développe plus rapidement chez les filles que chez les garçons. Par conséquent, celles-ci débutent l'école avec une longueur d'avance et les garçons se retrouvent d'emblée défavorisés du fait que le corps enseignant est constitué d'une grande majorité de femmes (au Québec, 85 % au primaire) qui sont naturellement portées vers un style d'enseignement plus verbal.

Les garçons sont aussi, plus souvent qu'autrement, accompagnés par leurs mères plutôt que par leurs pères au cours de la période des devoirs à la maison. Ces mères, comme les enseignantes, utilisent généralement beaucoup plus leurs propres habiletés verbales pour expliquer, ce qui « assomme » une fois de plus les garçons qui pensent et comprennent mieux avec leurs habiletés non verbales.

Une autre différence entre les garçons et les filles réside dans les processus cognitifs de traitement de l'information. Les filles ont des habiletés d'organisation et d'analyse des détails (traitement séquentiel) souvent plus développées que les garçons qui, eux, excellent plutôt dans les habiletés de synthèse (traitement simultané) et visuo-spatiales. Cela explique chez ces derniers leur plus grande facilité en mathématiques. Toutefois, les évaluations des compétences des élèves portent généralement plus sur les détails que sur l'habileté à faire des synthèses. De plus, tout travail un peu plus complexe exige de l'enfant une bonne capacité à s'organiser, à planifier et à structurer, ce qui une fois de plus défavorise les garçons qui manquent souvent de ce type d'habiletés, en partie faute d'un dialogue intérieur suffisamment efficace pour permettre un traitement plus détaillé et rigoureux.

Par ailleurs, la nouvelle réforme de l'éducation qui a lieu présentement au Québec préconise l'apprentissage par projets et l'intégration des matières, ce qui — à la longue — devrait favoriser une plus grande réussite chez les garçons et exiger des filles de meilleures habiletés de synthèse, faisant ainsi travailler leur hémisphère droit jusqu'alors moins sollicité à l'école. De plus, les connaissances sur le fonctionnement du cerveau sont de plus en plus répandues dans les milieux scolaires, ce qui contribue à modifier peu à peu les approches pédagogiques. Plusieurs enseignants ont maintenant le souci de diversifier leurs façons d'enseigner pour rejoindre autant les garçons que les filles.

Comment aider les garçons à mieux s'épanouir à l'école et au moment des travaux scolaires à la maison ?

- Éviter de comparer les travaux des garçons et des filles, à l'école comme à la maison ; les différences sont souvent évidentes, mais les efforts et la valeur des résultats atteints doivent être reconnus à partir de critères différenciés et propres à chacun.

- Tolérer le fait que les travaux des garçons soient moins soignés, notamment au plan de la calligraphie, surtout si le contenu est représentatif des capacités de l'enfant et des compétences visées pour l'évaluation dudit travail.

- Prévoir un temps de repos et d'activité ludique, voire motrice, entre la journée scolaire et la période des devoirs et des leçons.

- Tolérer leur besoin de bouger et de se lever à quelques reprises au cours de la période des travaux scolaires à la maison.

- Encourager les garçons à lire des livres riches en aventures et en action ainsi que des livres-jeux qui leur permettent de se sentir concernés pendant cette activité un peu plus passive qu'est la lecture.

- Les encourager à utiliser des surligneurs, à faire des dessins et des schémas, et à inventer des exemples tirés de leurs propres expériences. Ainsi, ils assimileront mieux ce qu'ils ont à apprendre pendant l'étude. Les inciter à être actifs, même mentalement, durant cette période.

- Leur suggérer les moyens proposés dans le chapitre 4 (voir page 132) en choisissant des stratégies dans les catégories visuelles et kinesthésiques. Les encourager à s'exercer en utilisant des stratégies de la catégorie auditive-verbale dans les domaines où ils réussissent mieux afin de les aider à acquérir des moyens diversifiés.

- Utiliser des métaphores et illustrer vos explications par des exemples, même s'ils vous paraissent loufoques lorsque vous tentez de leur expliquer une notion qu'ils auraient mal comprise.

- Les aider à se fixer des objectifs d'apprentissage et à comprendre le « pourquoi » d'une règle ; quand ils comprennent l'avantage ou la raison d'être de certaines règles, ils acceptent mieux de s'astreindre à les appliquer même lorsque, de prime abord, ces règles leur semblent peu logiques. Ils retiendront mieux les règles s'ils peuvent imaginer et comprendre pourquoi elles leurs sont imposées. En français, certaines règles sont particulièrement difficiles à retenir pour ces enfants. Il faut parfois avoir beaucoup d'imagination pour trouver une raison de les appliquer ! Les enseignants gagneront à invoquer le passé et l'avenir de notre langue riche, mais parfois capricieuse, pour leur en inculquer la valeur. Par la suite, ils devraient avoir plus de facilité avec le « comment » l'appliquer (étape par étape).

- Favoriser chez eux l'utilisation de l'ordinateur pour les travaux scolaires ainsi que pour l'étude des leçons (par exemple, jouer avec les polices de caractère afin de mieux retenir l'orthographe de certains mots de vocabulaire plus difficiles à mémoriser).

- Favoriser l'engagement d'hommes significatifs auprès des garçons. L'école ne peut pas prendre un sens important à leurs yeux si elle n'est perçue que comme l'affaire des filles.

- Accepter les moments de colère et l'agressivité suscités par le vécu scolaire. L'enfant doit pouvoir s'exprimer, bien que sans violence.

- Éviter à tout prix le contrôle et l'intrusion parentale autour de la période des travaux scolaires.

- Être créatif et utiliser l'humour pour désamorcer les tensions et ne pas hésiter à consulter au besoin.

Les filles et leurs devoirs:
est-ce toujours plus facile pour elles?

En ce qui concerne les devoirs, les filles s'en sortent généralement mieux que les garçons. Elles tirent avantage du seul fait de présenter un style cognitif semblable à celles qui leur enseignent de même qu'à celles qui les accompagnent dans leurs devoirs. Elles sont aussi généralement plus à l'aise dans la position d'écoute en classe et à la maison lorsque des explications sont données verbalement. Cette règle générale étant posée, il est clair que toutes les filles n'excellent pas au plan des habiletés verbales, pas plus que tous les garçons n'excellent au plan des habiletés non verbales.

Certaines d'entre elles présentent des styles cognitifs qui s'apparentent à ceux généralement observés chez les garçons, notamment si elles ont un passé d'otites à répétition, un retard ou un trouble de langage, de même que si elles sont plus motrices qu'intellectuelles. Dans ce cas, elles peuvent évidemment présenter les mêmes problèmes que les garçons et tirer profit des recommandations qui concernent ces derniers. Pour les autres, les problèmes se situent souvent plus dans la sphère sociale où, c'est bien connu, «ça joue plus dur». Or, cela peut saper beaucoup d'énergie et de confiance en soi, suffisamment pour que l'école devienne un cauchemar pour elles. Toutefois, ce type de problèmes n'a pas toujours une incidence sur leur apprentissage ni sur leur efficacité dans les devoirs et leçons, au contraire. Elles se rabattent parfois dans ce domaine où leur compétence ne fait pas de doute et elles trouvent ainsi une valorisation suffisante pour se garder en piste, même si elles ne sont pas particulièrement heureuses au sein de leur groupe ou de leur classe.

Au plan pédagogique, les filles qui ont des habiletés langagières adéquates et un langage intérieur suffisant pour les aider

à s'organiser et à respecter les consignes réussissent habituellement mieux à satisfaire aux exigences posées par l'enseignante.
Si problème il y a, c'est souvent plus en mathématiques. Nous
l'avons vu, ce sont les garçons qui bénéficient généralement
d'un développement plus rapide de l'hémisphère droit, siège
des habiletés visuo-spatiales et de l'esprit de synthèse, ce qui
compte beaucoup dans cette matière. Les filles apprennent
généralement plus facilement à maîtriser les opérations de base
ainsi qu'à mémoriser les tables. Cependant, elles se retrouvent
souvent en panne en géométrie ou en résolution de problèmes
parce qu'elles doivent bien saisir le sens des données avant
d'appliquer les techniques qu'elles maîtrisent pourtant très
bien. Elles ont aussi parfois de la difficulté à distinguer
l'essentiel de l'accessoire parce que l'analyse de tous les détails
prime sur l'esprit de synthèse, et elles tombent donc plus
facilement dans les pièges de ce type de problème. Il en est de
même en lecture où la multitude des détails absorbe parfois
leur attention et les empêche de bien comprendre le sens
général du texte ; il arrive qu'elles racontent un texte presque
mot à mot sans arriver à en faire une synthèse ou un résumé.

Il est également possible qu'elles aient plus de mal à faire
des inférences, c'est-à-dire à répondre à des questions dont la
réponse n'est pas explicite dans le texte, mais qui peut être
trouvée à partir du sens général. Dans cette perspective, plusieurs
filles développent une grande dépendance envers leurs parents
au moment des devoirs et des leçons. Ne comprenant pas
toujours le sens des consignes plus complexes, elles demandent
l'aide de ceux qui répondent parfois trop rapidement sans
réaliser le tort qu'ils causent puisque ces fillettes se retrouvent
en panne lors d'un contrôle ou d'un examen où personne ne
répond à leurs questions. Cela est aussi très fréquent chez les
garçons qui présentent des difficultés d'apprentissage.

Un autre problème guette les filles généralement douées à l'école : l'anxiété de performance. Que ce soit par pression parentale liée aux valeurs prioritaires de réussite scolaire au sein de la famille ou à cause de leurs propres critères de performance s'apparentant au perfectionnisme, ces écolières qui ont déjà été premières de classe craignent souvent d'être détrônées par d'autres et de décevoir leur entourage ainsi qu'elles-mêmes. Ne se pardonnant pas facilement l'erreur, elles risquent parfois l'échec du seul fait de leur anxiété. En effet, celle-ci les envahit souvent à l'approche des examens et engendre un discours intérieur plus puissant que celui qui leur permettrait justement de réussir en les aidant à se structurer et à suivre les étapes nécessaires pour satisfaire ou même dépasser les exigences. Ce langage intérieur qui finit par leur causer de réels problèmes d'attention et de concentration est rempli de phrases comme « Je dois me concentrer », « Il ne faut pas que j'échoue », « Il faut que je réussisse », « Je n'y arriverai pas », etc. L'échec tant craint survient alors simplement à cause du stress qui inhibe les processus de pensée.

Une première expérience de ce type, sans être objectivement un échec, peut être vécue comme tel même si l'enfant obtient une note de 85 % alors qu'elle a l'habitude de toujours avoir des notes au-delà de 90 %. L'engrenage se met alors en branle pour que le stress augmente à chaque nouvel examen, paralysant et rendant de plus en plus inaccessible l'utilisation d'un potentiel intellectuel pourtant hautement supérieur.

Ces écolières, stressées par leur désir de performance, développent parfois des mécanismes obsessionnels qui alourdissent la tâche à cause de vérifications qui n'en finissent plus. Au moment des devoirs et des leçons, le malaise augmente parce qu'elles ont tendance à vouloir en faire toujours plus. Elles veulent être prêtes pour le contrôle à venir mais ne parviennent pas à atteindre ce sentiment d'avoir bien travaillé et d'être en mesure de donner leur plein rendement. Pour éviter l'escalade d'un tel problème, les parents doivent être aux aguets, car cela dégénère facilement et peut causer des difficultés plus graves encore que la simple fluctuation du rendement scolaire. Ils doivent réagir rapidement en diminuant leurs exigences ou en aidant leur fille à diminuer les siennes, puis en dédramatisant la situation avec humour tout en l'incitant à canaliser son énergie dans d'autres domaines où elle pourra satisfaire son besoin d'excellence. Cela pourrait décharger la situation scolaire d'une tension extrême qui joue contre l'enfant et dans laquelle elle perd le contrôle à trop vouloir le garder.

Comment aider les filles à mieux vivre l'école ainsi que la période des devoirs et des leçons?

- Ne pas hésiter à expliquer les notions mal comprises, tout en prenant soin d'aider l'enfant à bien saisir le sens de ce qu'elle fait grâce à des exemples puisés dans la vie quotidienne.

- L'encourager à dessiner ce qu'elle a compris d'un texte qui a d'abord été lu dans sa tête afin d'améliorer la vitesse de lecture permettant d'accéder plus facilement au sens et d'éviter qu'elle se concentre trop sur les détails. Il sera parfois avantageux qu'elle le résume verbalement avant d'en représenter l'essentiel sous forme de dessin ou de schéma.

- Avant de répondre à ses questions sur le sens d'une consigne mal saisie, lui demander de tenter de formuler dans ses propres mots ce qu'elle en a compris même si elle rétorque qu'elle n'a RIEN compris. L'encourager à relire au besoin. Bien souvent, le seul fait de mettre en mots force la pensée à la cohérence et aide à éclaircir l'idée à saisir, surtout lorsque les habiletés langagières sont bien développées.

- En mathématiques, demander ce même effort de compréhension en lui suggérant de reformuler dans ses mots ce qu'elle a saisi d'un problème ou d'un concept qui lui semble obscur.

- L'encourager à pratiquer les stratégies cognitives de la catégorie auditive-verbale qui se trouvent au chapitre 4, puis à exercer, dans les domaines où elle est déjà compétente, de nouvelles façons de faire à l'aide des stratégies visuelles et kinesthésiques. Cela a pour objectif de lui donner plus d'une corde à son arc.

- Expliquer le «comment faire» sans toutefois négliger le «pourquoi le faire», dans toutes les situations scolaires où elle peut avoir tendance à exécuter sans nécessairement comprendre la raison qui sous-tend l'application des règles.

- L'encourager à chercher le sens de ce qu'elle fait, surtout si les apprentissages de mémorisation sont faciles pour elle et l'aident à obtenir un bon rendement. Tôt ou tard, ces notions apprises par cœur cesseront de lui être utiles si elle ne sait pas dans quel contexte les utiliser.

- Faire attention au perfectionnisme et à l'anxiété de performance qui peuvent facilement se développer chez les filles douées à l'école. Tenter de les amener à établir un équilibre entre les différents secteurs de leur vie en les encourageant à développer des intérêts diversifiés aussi bien à l'école qu'ailleurs. Leur développement social, moteur et artistique est tout aussi important pour acquérir et conserver un sentiment de compétence. Ainsi elles auront assez confiance en elles pour atteindre la réussite.

Devoirs et difficultés d'apprentissage

Les enfants qui ont des problèmes d'apprentissage à l'école, que ce soit en lecture, en écriture ou en mathématiques, sont généralement dépourvus quand arrive le moment des devoirs et des leçons à la maison. Leurs parents, comme ceux de Mathieu, le sont tout autant. Ils sont démunis devant l'ampleur des difficultés de leur enfant, auquel ils accordent pourtant beaucoup de temps et d'intérêt sans que cela semble aider vraiment. Ces enfants réussissent parfois à intégrer tant bien que mal les connaissances et compétences attendues d'eux à l'école, mais au prix de nombreuses heures de travaux à la maison et parfois d'une détérioration du climat familial. À la longue pourtant, l'écart se creuse inévitablement entre ce qu'ils peuvent faire et ce qu'ils doivent faire à l'école.

Ces enfants se doutent bien que, sans ce parent devenu substitut de l'enseignant, l'échec serait encore plus grand; ils se plient donc aux cours supplémentaires reçus à la maison tandis que leurs amis ainsi que leurs frères et sœurs font autre chose une fois leurs travaux terminés. Même si ces enfants passent maintenant d'une année à l'autre malgré leurs problèmes d'apprentissage, la dépendance à l'égard du parent n'est pas sans compliquer la situation. En effet, il arrive aussi qu'ils ne reçoivent pas de services complémentaires à l'école puisqu'ils ne comptent pas toujours parmi les moins doués qui, eux, bénéficient parfois de ces services. Une telle situation n'est pas rare et, en s'aggravant au fur et à mesure que les années passent, elle devient vite intenable pour le parent et son enfant. L'écolier doit faire preuve de plus en plus d'autonomie pour réussir en classe, ce qu'il ne peut pourtant faire qu'avec l'aide de ses parents. Il n'est donc plus question d'autonomie! L'intégration des élèves en difficulté et l'abolition des mesures de redoublement ont leur vertu, mais si les enfants ne bénéficient pas de services adaptés à leurs besoins, on se dirige inévitablement vers l'échec, avec toutes ses conséquences.

Malgré les grincements de dents générés par l'insistance des parents, l'enfant qui a des difficultés d'apprentissage éprouve aussi une certaine forme de reconnaissance à l'égard de ceux qui ont tant fait pour lui et il comprend l'importance d'être suivi d'aussi près à la maison. Par ailleurs, son besoin de s'individualiser, inhérent au développement, prend le dessus. C'est ainsi qu'il s'oppose en partie aux demandes de ses parents, mais ne pouvant se passer d'eux pour maintenir le cap à l'école, il se retrouve dans une impasse. Les mécanismes d'opposition, bien souvent exprimés par de la résistance passive faute de s'exprimer ouvertement, s'immiscent peu à peu dans cette étroite relation parents-enfant qui va à l'encontre des besoins de son développement personnel. Or, il est normal que l'enfant qui grandit commence à s'opposer à ses parents, mais généralement il le fait là où ceux-ci exigent le plus. Un écolier dont les responsabilités à la maison ont été réduites au minimum, afin qu'il consacre tout son temps à ses apprentissages, n'a alors que le terrain scolaire pour s'opposer ; cela ne va pas sans engendrer de vives tensions entre ceux qui font tout pour qu'il s'en sorte et lui, qui ne semble plus prêt à collaborer. Comment aider cet enfant tout en lui redonnant la responsabilité de sa réussite qui demeure boiteuse parce que le problème initial n'est pas bien identifié ?

Dans ce cas, il devient primordial de demander une évaluation pour que les parents et l'enfant comprennent mieux la nature de ses difficultés scolaires. Par la suite, il faudra avoir recours aux services d'un professionnel qui, en collaboration avec l'enseignant, proposera un plan d'intervention adapté aux besoins de l'enfant. Outre cela, les parents peuvent aussi tenter différents moyens pour poursuivre un certain accompagnement de l'enfant dans ses devoirs et leçons sans pour autant que persiste la relation conflictuelle qui existait auparavant sur ce plan. Dans bien des cas, l'aide des parents a certes permis à l'enfant de poursuivre tant bien que mal certains de ses apprentissages, mais elle a aussi parfois fini par l'étouffer au point que le risque d'un décrochage éventuel est aussi grand que si rien n'avait été fait pour l'accompagner de la sorte.

Au sujet des troubles d'apprentissage

Sans vouloir entrer ici dans la définition des troubles d'apprentissage sous leurs différentes formes et selon les diverses écoles de pensée, définissons la notion de trouble d'apprentissage par le portrait fonctionnel de celui qui en est atteint. L'enfant aux prises avec un trouble d'apprentissage se reconnaît à son profil d'apprenant «irrégulier», c'est-à-dire qu'il démontre des habiletés d'apprentissage normales ou supérieures dans certains domaines alors que dans d'autres, il n'apprend que lentement ou de façon atypique. Voici quelques signes qui vous aideront à reconnaître la présence de troubles d'apprentissage chez l'enfant :

- il semble intelligent, mais il éprouve de grandes difficultés dans l'apprentissage de la lecture, de l'écriture ou des mathématiques ;
- il a du mal à acquérir les rudiments de la langue écrite (décodage et encodage de sons isolés) ou il les décode à outrance sans percevoir les mots et les phrases dans leur ensemble (ce qui est plus rare) ;
- il a du mal à comprendre les consignes et a tendance à faire répéter souvent ;
- il a du mal à s'organiser devant une tâche à accomplir ;
- il a du mal à apprendre le nom des lettres et de certains nombres ;

- il inverse plusieurs lettres, syllabes ou chiffres dans l'espace ou la séquence des lettres dans les mots;
- il a du mal à se souvenir de l'orthographe des mots.

Dans le système scolaire québécois, le constat d'un retard scolaire de deux ans en français ou en mathématiques est généralement le critère qui permet l'accès à des services spécialisés. Cette notion de persistance du problème permet de distinguer les troubles d'apprentissage de difficultés qui, par définition, ne sont que passagères. Cette question divise souvent les professionnels et, sans vouloir entrer dans le débat, nous tenons à signaler le danger que représente cette façon de confondre l'effet avec la cause. Ce n'est pas parce qu'un enfant a accumulé deux ans de retard dans une matière qu'il a nécessairement des troubles spécifiques d'apprentissage. Aussi, il n'est pas nécessaire ni justifié d'attendre que l'enfant ait accumulé un tel retard pour identifier ce type de problème et lui fournir des services. Cette façon de faire est discutable et ne sert finalement qu'à donner une justification à l'école qui, manquant de ressources pour certains enfants, n'intervient que trop peu ou trop tard, ce qui conduit les parents n'ayant pas encore démissionné à tenter d'y suppléer au prix de l'harmonie familiale.

Le fait d'attendre d'avoir atteint un certain degré de chronicité du problème avant d'intervenir entraîne fréquemment un autre problème. En effet, on constate bien souvent qu'une fois l'intervention mise en place sur la base de ce critère de retard et sans évaluation de la nature du problème, l'approche pédagogique se concentre sur l'effet (difficulté en lecture, par exemple) plutôt que sur la cause (problème au plan du traitement de l'information qui engendre entre autres des difficultés en lecture). Dans ce cas, on verra inévitablement d'autres problèmes surgir chez l'enfant, même si on a réussi à l'aider en lecture.

Dans cette perspective, nous pensons que la meilleure façon de préciser le problème en cause et d'intervenir efficacement, c'est de procéder à une évaluation multidisciplinaire (médecin, psychologue, orthopédagogue, orthophoniste, audiologiste, etc.). Ce type d'évaluation ne requiert pas l'intervention de tous ces professionnels, mais de ceux qu'il est le plus pertinent d'interpeller selon les symptômes présents chez l'enfant. Par la suite, un plan d'intervention concerté pourra être mis en place autour des besoins véritables de l'enfant.

Des pistes pour les parents

Voici maintenant quelques pistes pour aider les parents de ces enfants à s'ajuster à la période des devoirs.

- Après l'évaluation du problème de l'enfant, demander aux intervenants scolaires et aux professionnels concernés comment ils conçoivent vos responsabilités auprès de votre enfant en ce qui a trait aux devoirs à faire à la maison.

- Au besoin, l'enseignant aura peut-être à ajuster ses demandes en fonction de l'élève en difficulté pour qu'il soit capable de répondre aux attentes sans se retrouver constamment dans l'impossibilité d'assumer ses tâches.

- Éviter d'empiéter sur le rôle que les intervenants et les professionnels assument auprès de l'enfant.

- Selon le style cognitif de l'enfant et le profil de ses forces et de ses faiblesses, se reporter aux stratégies données au chapitre 4, en suggérant à l'enfant d'utiliser celles avec lesquelles il est le plus à l'aise. Pour les autres stratégies, on lui proposera d'abord de les exercer dans des domaines où il a plus de facilité. À titre d'exemple, mentionnons que, pour les troubles d'apprentissage les plus courants comme ceux liés à un déficit des habiletés intellectuelles verbales et du traitement séquentiel des informations, il sera judicieux de proposer à l'enfant des stratégies d'apprentissage basées sur ses habiletés non verbales. L'enfant aura aussi tout intérêt à « apprendre à apprendre » à partir de son mode privilégié de traitement de l'information, par exemple le mode simultané, pour ensuite l'aider à compenser ses processus déficitaires.

Pour les détails concernant les approches spécifiques qui peuvent être adoptées avec les enfants ayant des problèmes d'apprentissage, le mieux consiste à consulter le professionnel qui a évalué l'enfant ou qui prend en charge sa rééducation. Cela permet de proposer à l'enfant des moyens susceptibles de le soutenir au cours de la période des devoirs et des leçons. Voici certains éléments importants.

- S'assurer que l'enfant a une bonne place en classe, le plus près possible de l'enseignant et loin des fenêtres, corridors, aiguisoir et de toute source de distraction sonore. Assis face au tableau, il puisera beaucoup plus d'informations « visuellement », informations qui autrement risqueraient d'être incomplètes chez un enfant ayant un trouble d'apprentissage lié à de pauvres habiletés verbales.

- Ne jamais tolérer que la période des devoirs et des leçons dépasse indûment celle qui est généralement allouée aux enfants du même âge ou du même niveau scolaire que lui. Si tel est le cas, un ajustement doit être fait à l'école pour éviter ce genre de situation. En discuter avec l'équipe-école pour veiller à ce que les devoirs se fassent dans une période de temps acceptable ; de toute façon, toutes les heures supplémentaires sont infructueuses et contribuent à démotiver progressivement l'enfant et ses parents.

- Refuser que l'enfant reçoive des punitions liées à ses difficultés d'apprentissage ; par exemple, qu'on lui demande de copier une phrase ou un texte alors qu'il a des problèmes en écriture.

- Lui éviter l'apprentissage de plusieurs langues à la fois. Insister d'abord sur une bonne maîtrise de la langue dans laquelle il est scolarisé.

- Organiser un système de couleurs pour ses différents cahiers afin de l'aider à repérer rapidement le bon cahier à apporter à la maison lorsqu'il a un devoir à faire dans une matière. S'il le faut, demander à l'enseignant de l'aider à développer une façon abrégée de noter ses devoirs à l'agenda ; suggérer aussi à l'enfant de cocher chacun des devoirs à faire au moment où il met livres et cahiers dans son sac d'école avant de prendre la route de la maison.

- Expliquer à l'enfant le plus clairement possible ce que cela signifie d'avoir un trouble d'apprentissage et pour quelles raisons ses notes au bulletin sont faibles dans certaines matières ; il est important de lui dire qu'il n'est ni idiot ni paresseux. L'encourager à persévérer en dépit de ses écarts de rendement en insistant sur ses forces et sur les efforts que vous le voyez déployer pour continuer à progresser dans les matières où il éprouve certaines difficultés. Lui parler des nombreux adultes, dont certaines célébrités qui ont mené des vies fort intéressantes malgré un passé de troubles d'apprentissage (Albert Einstein, Alexander Graham Bell, Walt Disney, Léonard de Vinci, George Washington).

- Éviter de tomber dans le piège du substitut de l'enseignant, si certaines notions sont manifestement mal assimilées. Rassurer l'enfant. S'il est clair qu'il ne possède pas suffisamment de bagage pour s'acquitter de ses tâches, l'encourager à se tourner vers son enseignant ou vers la personne qui assure sa rééducation.

- Encourager le plus possible la lecture silencieuse, même si vous craignez de ne pouvoir corriger toutes les erreurs commises. Celles-ci se corrigeront plus aisément quand l'enfant aura acquis assez de vitesse et d'aisance pour comprendre le sens de ce qu'il lit. Il le fera spontanément s'il développe un intérêt pour la lecture. À l'inverse de cette façon de faire, si on corrige chaque erreur au fur et à mesure, on bloque le processus de la lecture lui-même qui dépasse largement le simple décodage de syllabes (ce qui est plus difficile chezles enfants ayant des troubles d'apprentissage) et on empêche l'accès au sens (qui l'aiderait pourtant à compenser ce déficit). On défavorise donc l'intérêt pour cette activité qui peut rapidement devenir objet de contrôle dans la relation parents-enfant. Pour l'enfant qui a d'importantes difficultés à lire même dans sa tête, on peut lui lire certains passages du texte pour l'aider à en comprendre le sens général. Il sera alors plus facile pour lui de poursuivre seul en s'appuyant sur les images mentales qu'il se sera faites en écoutant d'abord des passages du récit.

- Plutôt que d'allonger la période des devoirs et des leçons en ajoutant des exercices ou des explications supplémentaires par exemple, prévoir chaque jour du temps pour partager avec l'enfant une activité ludique visant à consolider certaines habiletés liées aux apprentissages. Celles-ci peuvent ainsi être exercées de façon naturelle dans la vie quotidienne de l'enfant (plusieurs de ces activités sont proposées dans le chapitre 4, dans la partie intitulée « Des activités pour consolider les habiletés cognitives »). Les liens qui se feront entre cette activité et les apprentissages scolaires proprement dits auront l'avantage de favoriser l'intégration réelle des nouveaux acquis de l'enfant.

- Quand l'enfant présente un trouble d'apprentissage, il est essentiel de l'aider au plan de l'organisation du temps et de l'espace au début de la période des devoirs et des leçons. Il est bon d'adopter des routines stables et de l'amener à utiliser des moyens concrets pour qu'il n'oublie rien. En plus de bien planifier avant de commencer ses devoirs, il sera utile de l'aider à s'assurer qu'il a tout le matériel nécessaire à sa disposition ; mais attention, cela ne signifie pas de tout organiser pour lui. Dans ce cas, il s'agirait d'une nouvelle façon de l'infantiliser et de freiner l'autonomie qu'il est en mesure de développer, malgré ses troubles.

- Prévoir un peu plus de temps pour les devoirs avec lesquels il éprouve des difficultés, tout en considérant que l'effort exigé réduit son temps de concentration. Il faut aussi prévoir une pause avant de poursuivre avec les leçons et la lecture. Il convient de diviser les devoirs en deux périodes distinctes, l'une au retour de l'école et l'autre après le repas ou même le lendemain matin s'il se lève tôt.

- Varier la séquence dans laquelle l'enfant fait ses devoirs et ses leçons afin d'éviter de toujours commencer par ce qui est le plus difficile pour lui et qu'il n'ait plus d'énergie pour prendre plaisir à ce qui est le plus facile ; de la même façon, si on commence toujours par le devoir plus facile, on court le risque qu'il ne lui reste pas suffisamment d'énergie pour le plus difficile.

- Être réaliste dans les demandes qu'on lui adresse et veiller à ce que les intervenants scolaires le soient également afin d'éviter que des facteurs affectifs (découragement, perte de confiance, dévalorisation) nuisent au processus de rééducation mis en place.

- Inviter l'enfant à devenir créatif en l'incitant à se donner des trucs mnémotechniques pour apprendre par cœur les notions qui doivent l'être (voir, à ce sujet, la section concernant les stratégies cognitives).

- Être patient quand l'enfant s'exprime verbalement. Il faut éviter de deviner ce qu'il veut dire avant qu'il n'ait fait l'effort et pris le temps de bien s'expliquer. Il faut accepter que cela prenne un peu plus de temps parce que ces enfants ont souvent du mal à structurer leur pensée et à la traduire verbalement en termes simples et concis.

- Démontrer à l'aide d'un exemple, d'un dessin ou d'un schéma, plutôt que de vous contenter d'expliquer longuement quand il n'a pas compris ce qu'on lui dit. Lui adresser également des consignes courtes et simples ; pour les plus complexes, ralentir le débit, insister sur les mots importants qui donnent son sens à la consigne et découper chacune des parties de la consigne pour qu'il en saisisse bien les différentes composantes, en faisant une courte pause entre chacune d'elles.

- S'assurer d'avoir toute son attention avant de lui parler ou de lui donner une consigne.

- Encourager l'enfant à participer à une activité parascolaire dans laquelle il risque de se sentir compétent afin de contrecarrer le sentiment de découragement qui, malgré l'aide reçue, refera surface à différentes reprises au cours de son parcours scolaire.

- Éviter par-dessus tout de faire du trouble d'apprentissage de votre enfant le centre de votre vie. Éviter d'y mettre toute votre énergie, car il vous en faudra autant pour satisfaire adéquatement l'ensemble de ses besoins et en faire un adulte épanoui, autonome et responsable en dépit de ses difficultés scolaires.

L'heure des devoirs pour l'enfant qui présente un déficit de l'attention avec ou sans hyperactivité

Le déficit de l'attention est difficile à diagnostiquer parce qu'il peut être confondu avec différents problèmes pour lesquels on observe les mêmes symptômes sans pour autant que ceux-ci soient liés à un problème neurologique. Un enfant peut avoir du mal à maintenir son attention dans quelques situations particulières alors que d'autres ont cette même difficulté dans plusieurs contextes différents ; cela permet, entre autres, de préciser la nature du problème d'attention observé.

Différentes raisons d'ordre affectif peuvent engendrer des problèmes d'attention. Par ailleurs, certaines difficultés d'attention sont liées à des problèmes instrumentaux. Par exemple, un enfant qui a fait des otites à répétition en bas âge peut présenter des symptômes s'apparentant au déficit de l'attention ; toutefois, lorsqu'on regarde de plus près les situations dans lesquelles il est en difficulté, on observe qu'il n'éprouve des difficultés de concentration (maintenir une attention soutenue dans une tâche qui demande un effort) que lorsque l'information lui est transmise verbalement, par exemple lors d'un cours magistral en classe. Il s'agit ici d'un trouble instrumental, qui influence les capacités d'attention-concentration dans le domaine strictement verbal plutôt que d'un trouble déficitaire de l'attention proprement dit. Dans ce type de problème, l'effet est très souvent pris pour la cause, mais le diagnostic différentiel mérite d'être fait si l'on veut pouvoir adopter les mesures appropriées.

Le médecin de l'enfant est le seul à pouvoir poser un diagnostic de trouble déficitaire de l'attention. Dans certains cas, il doit avoir recours à des évaluations complémentaires pour préciser son diagnostic s'il a des doutes quant à la nature des difficultés d'attention présentées par l'enfant à l'école. En effet, il revient aux différents professionnels des milieux scolaires et médicaux (psychologues, orthopédagogues, neuropsychologues, audiologistes, orthophonistes) d'évaluer certaines sphères plus spécifiques à l'aide de tests standardisés. Ces précisions, quant aux domaines affectés par ces problèmes, aident à leur tour le médecin à préciser le diagnostic.

L'hyperactivité est un syndrome souvent confondu avec des problèmes d'ordre affectif, comme l'agitation motrice d'un enfant anxieux ou déprimé par exemple. Pourtant, ce syndrome neurologique existe vraiment chez 3 à 5 % des enfants. Plus de la moitié d'entre eux présentent des difficultés d'apprentissage liées aux difficultés d'attention et de concentration qui y sont associées. Là encore, c'est au médecin que revient la responsabilité de poser un diagnostic. Dans certains cas, le diagnostic l'amène à proposer une approche médicamenteuse afin de freiner l'impulsivité de l'enfant et d'améliorer ses capacités d'attention, facteurs qui influencent grandement l'apprentissage et l'adaptation de l'enfant à l'école.

Ainsi, l'enfant qui présente un véritable trouble déficitaire de l'attention, avec ou sans hyperactivité, donne assez de fil à retordre à ses parents pour que la période des devoirs et des leçons devienne un véritable combat. Dans les situations les plus problématiques, il est possible mais rare que les psycho-stimulants soient aussi indiqués au cours de cette période que pendant sa journée à l'école. De façon générale, les parents doivent composer avec un enfant qui revient fatigué de sa journée et qui est aux prises avec les mêmes difficultés d'attention et de concentration que celles pour lesquelles ils ont demandé une consultation médicale. Différentes stratégies peuvent être utilisées pour aider cet enfant à mener à terme ses tâches sans que cela devienne un cauchemar pour tout le monde. Tout d'abord, voici quelques signes qui vous aideront à reconnaître ce type de problèmes chez l'enfant :

• il termine rarement ce qu'il commence et, face à une tâche, il a du mal à s'organiser ;

• il oublie ou perd régulièrement ses effets personnels ;

• il déteste les activités qui lui demandent un effort soutenu ;

• il est facilement distrait et n'écoute pas quand on lui parle ;

- le problème se présente sous diverses formes et dans plusieurs contextes ;

- l'enfant bouge beaucoup, est impulsif et bruyant, et reste difficilement en place au cours d'une même activité ou d'un même repas (comportements observables chez les enfants hyperactifs) ;

- les symptômes doivent être présents avant l'âge de 7 ans et être observables depuis plus de six mois, autant à la maison qu'à l'école (ou en garderie s'il s'agit d'un enfant d'âge préscolaire) ;

- l'intensité, la fréquence et la durée des symptômes permettent de préciser le diagnostic.

Le déficit de l'attention apparaît généralement tôt, autour de l'âge de 3 ans, mais n'est souvent diagnostiqué qu'à l'entrée à l'école. Ce même déficit, lorsqu'il se présente sans hyperactivité, est généralement dépisté encore plus tard. En effet, ces enfants dits lunatiques ne dérangent pas et se font facilement oublier en classe. Ce sont leurs résultats scolaires et leur manque d'écoute qui mettent habituellement la puce à l'oreille des enseignants et des parents.

L'enfant hyperactif présente souvent des difficultés d'apprentissage scolaire de même que des problèmes d'adaptation à cause de son impulsivité (il agit souvent avant de penser) et de son besoin de bouger, ce qui dérange beaucoup en classe. Ces comportements lui occasionnent de fréquentes réprimandes, punitions et altercations avec ses compagnons. Sa vie sociale s'en trouve souvent affectée et il finit par se sentir incompétent et rejeté partout où il passe.

Plusieurs enfants, surtout des garçons, ont des comportements inadaptés qui leur valent bien souvent d'être pénalisés. Toutefois, avant de diagnostiquer un déficit de l'attention avec hyperactivité, il faut d'abord vérifier si ces comportements ne s'expliqueraient pas par des circonstances anxiogènes ou traumatisantes; il faut aussi se demander s'ils répondent bien aux trois critères énumérés plus haut: l'intensité, la fréquence et la durée de présentation des symptômes. Ces critères doivent être nettement plus marqués que chez les enfants de même sexe et de même âge qu'eux.

Ces enfants ont souvent beaucoup de difficulté à respecter les règles qui leurs sont imposées en raison de leur impulsivité, mais aussi parce qu'elles sont souvent trop abstraites et présentées verbalement. On doit donc faire appel à des moyens qui les aideront à mieux intégrer une règle et à freiner leur impulsion d'agir avant de penser. Il est recommandé d'illustrer cette règle par une image ou un symbole et de s'entendre sur un signe d'avertissement avant de sévir lorsque la règle est enfreinte. Par exemple, avec un enfant à qui l'on demande de s'exprimer sans crier, on peut convenir, s'il élève la voix, d'un signe de la main pour lui rappeler ce qui a été convenu. On peut aussi afficher dans la maison un dessin d'enfant qui s'exprime avec des mots plutôt qu'avec des cris. Tout image qui peut lui rappeler le comportement attendu risque d'accroître l'intégration de la règle.

Finalement, il faut préciser que plusieurs enfants ont du mal à se soumettre aux règles lorsqu'ils ne comprennent pas leur raison d'être. Il faut donc prendre le temps de leur en faire découvrir les avantages, de leur demander d'imaginer ce qu'il adviendrait si tout le monde se comportait ainsi et finalement de les aider à se mettre à la place de ceux qui subissent ce comportement qui lui est reproché.

Des moyens à la portée des parents

Tel que nous l'avons expliqué précédemment, les causes des problèmes d'attention et de concentration peuvent être de nature neurologique, mais aussi environnementale. Ces dernières sont plus fréquentes mais généralement passagères. Il peut aussi arriver que l'enfant ait une prédisposition neurologique et que celle-ci soit alimentée par des causes environnementales, ce qui le rend encore plus vulnérable à l'école et avec ses amis. Les problèmes s'aggravent alors au fur et à mesure qu'il grandit. Il est donc important de consulter le médecin pour faire préciser la nature des difficultés d'attention en jeu, afin de mettre en place des mesures appropriées, compte tenu des capacités réelles de l'enfant.

En théorie, on peut s'attendre à ce qu'un enfant soit capable de se concentrer ou de soutenir son attention sur une même tâche pendant une période d'environ quatre fois son âge. Ainsi, un enfant de 10 ans devrait être en mesure d'avoir une attention soutenue pendant 40 minutes sans interruption; en-deçà de cette période, on peut se questionner sur ses habiletés d'attention. Par contre, il faut prendre garde de ne pas sauter trop vite aux conclusions; les enfants ont des tempéraments différents, certains étant plus actifs que d'autres, ce qui ne doit pas être considéré comme un problème en soi. Il est important de nuancer nos observations en distinguant une agitation excessive chez l'enfant et un seuil de tolérance moindre chez l'adulte. Par exemple, des parents s'étonnent du besoin de bouger de leur garçon comparativement à celui de leur fille; or, c'est là une situation normale. Il est généralement admis que, même chez les enfants ne présentant pas ce type de difficultés, les garçons consacrent moins de temps que les filles à une même activité. Ils changent trois fois plus souvent d'activité qu'elles. Il ne s'agit donc pas d'un problème, mais d'une différence avec laquelle il faut composer. Voilà pourquoi il est important de comparer les comportements des enfants en fonction de la différence liée au sexe, mais aussi en tenant compte de l'âge et du tempérament des autres membres de la famille.

Les difficultés d'attention peuvent être de nature fort différente et varier considérablement d'un enfant à l'autre. Cela étant, nous sommes quand même en mesure de proposer ici des moyens d'ordre général pour aider les parents à accompagner les enfants qui présentent ce type de difficultés dans leurs devoirs et leçons et ce, indépendamment de l'étiologie du problème. Toutefois, il nous faut émettre la réserve suivante : un diagnostic clair doit être posé pour intervenir de façon précise auprès de l'enfant.

- Laisser l'enfant se reposer après l'école avant qu'il se mette à la tâche. Une activité motrice peut être fort bénéfique pour aider l'enfant hyperactif à évacuer les tensions accumulées au cours d'une journée d'école pendant laquelle il a dû contenir son besoin de bouger et freiner ses impulsions. Lorsqu'une médication psychostimulante est utilisée, certains auront avantage à laisser passer ce qu'on appelle communément le « *down* » du Ritalin® avant de s'engager dans les devoirs et les leçons.

- Proposer à l'enfant de diviser la période des devoirs et des leçons en deux moments distincts, interrompus par une pause ou encore par une bonne nuit de sommeil. Ces enfants sont souvent plus alertes le matin pour terminer les devoirs et les leçons amorcés la veille.

- L'entraîner à différentes stratégies d'apprentissage, en mettant la priorité sur celles qui privilégient les modes visuel et kinesthésique ; cela peut lui être utile surtout s'il présente, en plus de ses difficultés d'attention, un style cognitif qui engendre toujours les mêmes façons de faire. Il n'est pas rare d'observer des enfants qui utilisent constamment les mêmes stratégies, celles qui leur ont été enseignées, mais qui sont parfois contraires à celles correspondant à leur style cognitif.

- Aider l'enfant à s'organiser dans le temps (horaires fixes) et dans l'espace (endroit calme dénué de sources de distraction) avant de se mettre à la tâche. La mise en place de certaines routines ne peut être que rassurante ; elles lui procurent un cadre à l'intérieur duquel fonctionner. En ce sens, une véritable discipline doit être mise en place afin d'atteindre les buts fixés au préalable en ce qui concerne les devoirs et les leçons.

- Voir avec lui comment il peut s'organiser dans les moments de transition pour éviter de décrocher entre deux devoirs, ce qui s'avère toujours un moment difficile pour un enfant qui présente un déficit de l'attention avec ou sans hyperactivité. On peut lui proposer, par exemple, de cocher dans son agenda ce qu'il vient d'effectuer avant de passer au travail suivant.

- L'encourager à se centrer sur une seule chose à la fois et à faire taire les messages intérieurs qui le distraient de sa tâche. L'aider à prendre conscience de ces messages qui minent sa confiance (« Je ne suis pas capable », « Je n'y arriverai pas ») en lui suggérant de les remplacer par d'autres comme « J'essaie », « Je fais du mieux que je peux » et « Si je ne comprends vraiment pas, je demanderai de l'aide ou des explications supplémentaires demain ».

- Lui suggérer de « vider ses poches » à la fin d'une journée d'école afin de déposer les tracas qui pourraient le distraire. Il pourra écrire ces tracas ou les dessiner dans un calepin prévu à cet effet. S'il le souhaite et s'il veut trouver des solutions à ce qui l'a dérangé au cours de la journée, il peut toujours y revenir par la suite et en discuter avec ses parents ou avec toute autre personne significative.

- Utiliser des pictogrammes pour réduire la fréquence, la durée et la reprise continuelle des explications ou des démarches qui lui ont été expliquées.

- L'encourager à être le plus actif possible dans sa démarche d'apprentissage, particulièrement dans l'étude des leçons qu'il risque de bâcler s'il met beaucoup d'énergie à combattre son besoin de se mettre en action. Lui fournir un cahier dans lequel il peut griffonner, se faire des exemples ou inscrire les pensées qui le distraient afin d'y revenir ensuite. Voilà un bon moyen de l'aider à rester actif durant ses moments d'étude.

- Les stratégies kinesthésiques proposées au chapitre 4 peuvent être utiles et intéressantes à pratiquer pour les enfants hyper-actifs ou plus moteurs que les autres. Les encourager à se déplacer physiquement dans leur tête lorsqu'ils ont envie de bouger et qu'ils ne le peuvent pas (stratégies de visuali-sation). Ils peuvent également apprendre leurs tables de multiplication en marchant et en les répétant à haute voix au même rythme que leurs pas, etc.

- Encourager l'enfant à «se parler à lui-même» tout haut, s'il ne peut pas encore le faire «intérieurement». Discuter avec son enseignant de cette façon de faire qui aide souvent les enfants présentant un déficit de l'attention. L'enseignant pourra organiser l'environnement en classe de façon à ce que l'enfant puisse en faire autant sans déranger ses com-pagnons pendant qu'il travaille. Il doit comprendre qu'il s'agit ici d'un outil plutôt que d'un comportement qui n'est que dérangeant; de plus, cela devrait éventuellement l'aider à réfléchir de plus en plus souvent en silence.

- Discuter avec l'enseignant afin d'éviter qu'il soit assis au centre et en avant de la classe (pour «l'avoir à l'œil»), cela contribuant à accroître l'aspect dérangeant de son agitation motrice qu'il ne peut pas toujours maîtriser. Lui choisir une place en avant et sur le côté, ou même à l'arrière s'il peut profiter du soutien visuel offert par l'enseignant qui utilise beaucoup le tableau pour démontrer ce qu'il explique. On peut ainsi avoir une plus grande tolérance à l'égard de l'enfant qui bouge, sans que ses compagnons ne soient dérangés par ces comportements. L'utilisation de balles de tennis (entaillées d'une croix) sous les pattes des chaises aide souvent à diminuer les bruits dans la classe. On peut donc proposer à l'enseignant de l'aider à équiper sa classe en allant récupérer des balles usagées dans un centre de tennis.

- Se rappeler que le fait de maintenir la motivation de l'enfant, malgré son retard scolaire, constitue un facteur de protection contre un abandon scolaire éventuel.

- Offrir des renforcements positifs à l'enfant qui sait s'acquitter de ses travaux sans trop dépendre de l'adulte. Un tableau de renforcement peut être utilisé dans la mesure où les comportements à améliorer sont choisis avec l'enfant. On ne peut pas viser l'amélioration de tous les comportements à la fois et il est préférable de commencer par ceux qui sont les plus faciles à changer. Les privilèges acquis quand les objectifs sont atteints peuvent être des activités ou de petits cadeaux. Ce tableau peut être utilisé pour tout objectif à atteindre ou toute règle à faire respecter. Les objectifs (comportements souhaités) et les règles doivent être clairs et décrits en termes précis, observables et mesurables. Pour plus de détails à ce sujet, voir en page 58.

- Éviter à tout prix le piège des renforcements négatifs. L'attention portée aux comportements inadéquats entraîne souvent l'effet contraire à celui désiré alors que l'utilisation de renforcements positifs pour encourager les comportements appropriés s'avère plus rentable. Il est bien évident qu'un geste sérieux et répréhensible ne doit pas être passé sous silence ; il s'agit d'éviter l'excès de remontrances afin de rendre plus efficaces celles qui doivent être faites.

- Cibler des objectifs réalistes et renforcer tous les succès, si minimes soient-ils, pour aider l'enfant à retrouver progressivement la confiance perdue au fil du temps. Il sera souhaitable d'augmenter par la suite, peu à peu, l'envergure des défis. Par exemple, on peut d'abord proposer à l'enfant de rester assis à sa table de travail durant cinq minutes sans se lever, temps qu'il pourra mesurer lui-même à l'aide d'un chronomètre ; par la suite, cette période passe à dix minutes et ainsi de suite. On peut faire avec lui un graphique de ses progrès pour que l'enfant voit concrètement le résultat de ses efforts.

- Éviter de prolonger indûment la période de devoirs au terme de la période prévue pour ses travaux scolaires ou pendant la fin de semaine. Lui proposer plutôt une activité différente dans laquelle il aura à utiliser des habiletés similaires à celles requises pour apprendre. De cette façon, il peut exercer ses capacités d'attention dans des activités qui ne sont pas stimulées que par ses sens, comme la télévision, l'ordinateur ou les jeux vidéos le font. Les jeux de construction, de société, de cartes, de logique, les jeux de mots et les activités de bricolage se prêtent mieux à l'exercice de ses habiletés d'attention. Voir également la section portant sur les habiletés d'attention en page 171.

- L'aider à se concentrer en lui enseignant comment respirer avant de se mettre à la tâche. Quelques respirations lentes et profondes, en gonflant le ventre à l'inspiration et en expirant par la bouche, aident l'enfant à se calmer et à se centrer sur ses tâches.

- Lui proposer un endroit calme pour se reposer lorsqu'il en ressent le besoin ou quand on s'aperçoit qu'il devient agité. Cet endroit doit être utilisé de façon préventive et non punitive, afin que l'enfant s'entraîne à observer et à ressentir ce qui se passe en lui à cette occasion et qu'il ressente vraiment le changement d'attitude et de disponibilité aux apprentissages qui l'a conduit à devoir se retirer, pour ensuite pouvoir se recentrer sur l'activité en cours. C'est ainsi qu'il pourra apprendre à poser des gestes conscients et volontaires pour mieux gérer par la suite ces états passagers.

- L'inciter à participer à une activité parascolaire dans laquelle il a de fortes chances d'être compétent. Le choix de cette activité doit se faire en évitant celles qui provoquent des stimulations trop intenses ou encore celles qui imposent un trop grand nombre de règles. La natation et le karaté sont reconnus pour aider les enfants à se concentrer et à acquérir une bonne discipline ainsi qu'un meilleur contrôle de soi. Ceci pourrait les aider à canaliser sainement leur énergie à l'école et à la maison.

- Une hygiène de vie est essentielle pour ces enfants qui ont besoin de toute leur disponibilité pour apprendre. Cela nécessite de bonnes nuits de sommeil, de 10 à 12 heures par nuit selon l'âge de l'enfant (huit heures par nuit pour un jeune du secondaire), une alimentation saine (sans excès de sucres), en commençant par un petit-déjeuner et finalement certaines restrictions quant aux heures d'écoute de la télévision. Les pédiatres recommandent généralement un maximum d'une heure par jour de télévision, de jeux vidéos ou d'ordinateur.

- Imposer un minimum de discipline à la maison. Ce type d'encadrement sécurise l'enfant qui manque de balises internes, les règles constituant le cadre à l'intérieur duquel il peut agir plus librement.

- Encourager l'enfant à faire des activités physiques afin de l'aider à dépenser son énergie tout en aidant son cerveau à s'oxygéner ; n'oublions pas la célèbre expression du poète latin Juvénal : « un esprit sain dans un corps sain ».

- Encourager l'enfant hyperactif à manipuler une balle anti-stress lorsqu'il doit lire ou écouter en classe pendant de longues périodes.

À RETENIR

- Quelles que soient les difficultés de l'enfant à l'école, ses devoirs et ses leçons doivent toujours être pour lui un **défi surmontable**, c'est-à-dire adapté à ce qu'il peut réellement faire sans avoir besoin d'un soutien constant de la part des parents. Si tel n'est pas le cas, mieux vaut en discuter avec son enseignant pour trouver une solution.

- Ne pas hésiter à demander une évaluation complète de ses capacités et difficultés d'apprentissage pour mieux distinguer un problème d'apprentissage d'un problème d'attitude ; cela vous aidera à ajuster vos demandes et à cibler vos interventions. Dès que les résultats de l'enfant ne reflètent pas le temps et l'effort consacrés dans ses périodes d'étude, il y a lieu de se questionner sur la nature du problème.

- Plus de garçons que de filles présentent des difficultés d'apprentissage ainsi que des problèmes d'attention, avec ou sans hyperactivité. Par ailleurs, il est normal que les garçons ressentent le besoin de bouger et qu'ils restent moins longtemps concentrés que les filles sur une même activité. Cela ne permet pas de poser un diagnostic d'hyperactivité ou de déficit de l'attention. Seul le médecin et certains professionnels qui contribuent à préciser certains aspects de la problématique présentée par l'enfant peuvent poser un tel diagnostic et ce, à partir de critères très précis concernant l'hyperactivité, l'impulsivité et la distractivité. Des paramètres d'intensité, de fréquence et de durée des symptômes doivent être pris en compte avant que ne soit posé un tel diagnostic.

- Se rappeler qu'un horaire régulier et l'établissement de routines dans l'organisation de la période de devoirs et de leçons épargnent aux parents bien des négociations qui peuvent facilement tourner à l'affrontement.

- Plus l'enfant est jeune, plus il est important que ses parents soient disponibles pour l'aider à s'organiser afin que les devoirs deviennent **son** affaire. L'encourager à faire seul tout ce qu'il est en mesure de faire sans votre aide et l'inciter à garder ses questions pour le moment où vous serez disponible ou encore, pour son enseignant en classe le lendemain. Départager clairement les responsabilités de chacun, celles du parent, de l'enseignant et celles de l'enfant, et accepter que ce dernier apprenne à vivre avec les conséquences de ses gestes s'il n'assume pas les responsabilités qui sont à sa mesure.

- Les élèves en difficulté devraient recevoir à l'école l'aide nécessaire pour apprendre et s'adapter le mieux possible. Plus l'enfant est atteint et plus il a droit à des services adaptés. L'intervention mise en place à l'école aidera les parents à savoir quoi faire pour l'accompagner dans les travaux qu'il doit effectuer à la maison. Certains enfants ont de sérieux problèmes à répondre aux exigences de l'enseignant; or, celui-ci est généralement le mieux placé pour aider les parents à réagir, que ce soit en les dirigeant vers des professionnels qui aideront à éclaircir la nature du problème ou en s'engageant lui-même directement auprès de l'enfant qui semble noyé par les exigences du milieu. Les parents ne doivent pas se gêner ni se culpabiliser d'avoir recours à des ressources extérieures pour aider leur enfant à mieux vivre l'école. Tous les enfants ont, à un moment ou l'autre de leur vie, des périodes difficiles. Les intervenants du milieu scolaire sont les premiers à se sentir concernés et à pouvoir agir quand l'enfant présente des problèmes d'ordre scolaire.

- Devant les difficultés scolaires d'un enfant, chacun doit faire sa part pour tenter d'améliorer ce qui peut l'être. Les parents ont la responsabilité d'établir une discipline et des routines stables à la maison. Ils ont aussi la responsabilité de garder une «juste distance» avec leur enfant autour de sa scolarité. L'école ne pourra jouer son rôle qu'avec l'assentiment, la confiance et le respect des parents qui, de cette façon, délèguent une partie de leur autorité parentale à l'école. Les enseignants ont aussi une lourde tâche à assumer; comme les parents, ils ont la responsabilité de voir à ce que chacun se sente respecté dans son rôle et d'interpeller d'autres instances au besoin. Ils doivent surtout éviter de se sentir jugés lorsqu'ils sont en présence de parents difficiles ou d'enfants en difficulté; ils doivent se montrer compréhensifs face à leur inquiétude. Il leur appartient de rechercher, avec les parents et avec l'enfant, des pistes de solution sans confrontation inutile. L'enfant a certainement le plus grand rôle à jouer, mais il ne peut le faire que s'il est épaulé par ses parents et par l'enseignant qui travaillent ensemble pour l'aider à trouver une place intéressante et stimulante à l'école. Le travail de chacun est essentiel pour établir un rapport école-enfant-famille harmonieux et propice à la réussite scolaire et sociale de l'enfant.

CHAPITRE 6

AIDER MATHIEU AU QUODIDIEN, C'EST...

▼

Revenons à Mathieu, dont nous avons parlé au début de cette troisième partie, et voyons comment nous pourrions l'aider à se remettre en piste en utilisant certaines stratégies proposées dans cet ouvrage. Compte tenu de ses besoins spécifiques, certaines de ses attitudes ne pourront s'améliorer qu'avec la mise en place de moyens tout aussi spécifiques qui l'aideront à acquérir de plus en plus de pouvoir sur ses apprentissages scolaires.

On ne peut se limiter à proposer aux parents de demander à leur enfant d'être tout à coup plus autonome et responsable de sa réussite scolaire lorsque cet enfant vit des difficultés d'apprentissage. Cela équivaudrait à le conduire à l'échec puisque, comme ce fut le cas pour Mathieu, ce n'est qu'avec l'aide de ses parents que cet enfant en difficulté a pu répondre aux exigences scolaires au cours de ses premières années d'école. Par ailleurs, on voit comment il ne parvient pas à utiliser ses acquis et à s'organiser pour ses travaux quand ses parents ne sont pas à ses côtés ; mais on se rend également compte au fil des ans que cette aide parentale ne lui est plus aussi profitable et qu'elle est même devenue insupportable pour lui, d'où les difficultés qui se vivent maintenant dans la relation école-enfant-famille.

Pour aider Mathieu à s'en sortir, il fallait cerner avec plus de précision la nature de ses difficultés. À cette fin, une évaluation multidisciplinaire a permis de préciser son profil cognitif et de mieux comprendre ce qui l'empêchait d'acquérir certains automatismes en classe. Dans son cas, l'évaluation a permis de constater une prééminence de ses habiletés intellectuelles non verbales au détriment d'habiletés verbales moins bien développées. On a observé le même écart au plan de ses habiletés de traitement de l'information, ses processus simultanés étant supérieurs à la moyenne attendue alors que ses processus séquentiels étaient nettement déficitaires. À partir de ce profil, il a été possible d'agir sur la cause et les conséquences de ses difficultés plutôt que de ne s'attarder qu'à leur effet et d'accuser l'enfant d'attitudes de moindre effort. Ceci ne pouvait que soulever ses défenses et susciter chez lui un profond sentiment de dévalorisation. Dès lors, on a mieux compris tout un ensemble d'observations qui, auparavant, étaient attribuées à son manque d'intérêt pour l'école.

En effet, le manque d'organisation et de structure observé chez Mathieu était désormais explicable par ses difficultés d'organisation séquentielle ainsi que par la pauvreté de ses habiletés verbales et donc de son langage intérieur, qui lui permettrait une meilleure autorégulation de ses pensées et de ses actions. Cela a contribué à le maintenir dans une relation de dépendance par rapport à son environnement, car il n'arrivait pas à s'organiser seul pour répondre aux attentes qu'on avait à son égard. Les évaluations effectuées ont aussi permis de mieux comprendre pourquoi ses enseignants ont souvent pensé qu'une médication l'aiderait à se concentrer, ce que ses parents avaient toujours refusé. En effet, il y avait chez Mathieu l'apparence de problèmes d'attention; mais dans son cas, le Ritalin® n'aurait pas été une mesure bénéfique puisque ses problèmes s'expliquaient par des difficultés plus spécifiques dont les conséquences n'étaient observables que lorsque la tâche à traiter était de nature verbale ou quand il avait à s'organiser dans le temps pour faire une démarche étape par étape. Pour cette raison, il avait du mal à être attentif à ce qui lui était expliqué verbalement, mais la nature du problème était beaucoup plus spécifique qu'un simple déficit de l'attention. L'évaluation a donc permis d'écarter l'indication d'un essai médicamenteux et d'opter plutôt pour des solutions éducatives: l'enseignement de stratégies compensatoires basées sur ses forces afin de l'aider à compenser peu à peu les processus déficitaires.

Une telle approche aide généralement à diminuer de façon significative les mécanismes d'évitement de la tâche ou ce qu'on appelle les problèmes «d'intention». Ceux-ci sont très souvent perçus comme des confirmations d'un déficit de l'attention; en effet, la démotivation de l'enfant face à des tâches qu'il sait ne pas pouvoir réussir seul fait écran à ses difficultés réelles puisqu'elle laisse croire que «s'il voulait, il pourrait»; or, bien souvent, tel n'est pas le cas. On refusait à Mathieu l'aide dont il avait besoin sous prétexte qu'il fallait qu'il devienne plus autonome. De plus, les interventions proposées jusqu'alors ciblaient directement ses difficultés, ce qui soulevait ses mécanismes de défense et d'évitement (d'où le constat de sa démotivation prise pour la cause plutôt que pour l'effet), plus particulièrement encore avec ses parents qui, pendant longtemps, s'étaient dévoués tant bien que mal pour l'aider.

Une intervention spécialisée a été proposée à Mathieu par une professionnelle œuvrant auprès d'enfants en difficultés d'apprentissage. Celle-ci a aidé Mathieu à prendre conscience de ses façons d'apprendre, à développer des stratégies compensatoires pour pallier les processus déficitaires et à récupérer certains retards scolaires qui l'empêchaient de poursuivre ses apprentissages au même rythme que les autres étant donné qu'il n'avait pas intégré certaines notions de base. Ainsi, ses parents ont été libérés de cette tâche et ont pu se consacrer à leur rôle de parents accompagnateurs pour soutenir leur fils et l'encourager à utiliser les moyens suggérés par son enseignante et son orthopédagogue.

Au fur et à mesure que Mathieu comprenait comment s'y prendre à partir de son style cognitif particulier, il développait plus d'autonomie et une capacité étonnante d'assumer ses responsabilités scolaires. Il utilisait une horloge pour s'encourager à persévérer dans les travaux plus fastidieux, cochait au fur et à mesure les travaux effectués et les leçons révisées, puis demandait de l'aide au besoin à ses parents ou à un ami habitant près de chez lui et fréquentant la même classe. Peu à peu, il a adopté comme outils de travail un surligneur et un cahier brouillon dans lequel il inventait ses propres exemples quand il étudiait. Face à un travail difficile à faire, il ne paniquait plus, car il avait appris à procéder étape par étape. Aussi, devant l'impasse, il savait pouvoir attendre au lendemain afin de poser des questions supplémentaires à l'enseignante ou à l'orthopédagogue. Il avait aussi appris à demander qu'on lui «démontre» comment faire quand il ne comprenait pas après une première tentative d'explication. Il sait maintenant qu'il apprend beaucoup plus facilement quand on lui donne un exemple par écrit que si on lui répète deux fois la même explication. En ce sens, il a une plus grande conscience de ses propres façons d'apprendre et, par conséquent, maîtrise de mieux en mieux les stratégies et connaissances ainsi acquises.

La mise en évidence de son manque d'habiletés verbales et de son déficit au plan du traitement séquentiel des informations a également permis de comprendre les difficultés qu'il présentait lorsqu'il devait se soumettre aux règles dont il ne comprenait pas la raison d'être, quelles qu'elles soient. À cet égard, il était à l'image de nombreux enfants qui présentent des problèmes d'apprentissage et qui ont également des difficultés à se conformer aux règles de toutes sortes, tant sociales que grammaticales ou orthographiques. Dorénavant, on prend soin de démontrer à Mathieu la logique d'une règle ou de lui en faire découvrir les avantages, au lieu de se limiter à l'exposer verbalement.

En même temps, on a contré le sentiment de dévalorisation qui prenait de plus en plus de place chez lui au fur et à mesure qu'on épurait son horaire de toute activité qui pouvait le distraire de ses travaux afin qu'il s'y consacre entièrement. Il avait même été dispensé de ses responsabilités quotidiennes à la maison afin de pouvoir mettre toute son énergie sur ses travaux, si bien qu'il ne se sentait plus utile ni compétent tant à la maison qu'à l'école. Ses parents ont révisé leur attitude en comprenant qu'ils l'avaient ainsi empêché d'acquérir un sentiment de compétence dans d'autres domaines que la scolarité déjà peu gratifiante. Dès lors, ils l'ont encouragé à participer à une activité parascolaire dans laquelle il démontrait d'emblée un certain talent, soit la réalisation de bandes dessinées. Cela lui a permis de se refaire une place au sein d'un groupe de compagnons et d'être reconnu dans sa famille pour sa capacité de réaliser des projets valables et même exceptionnels.

Que se passa-t-il du côté de son enseignante? Au fil des semaines, elle se familiarisa progressivement avec les aspects spécifiques des difficultés scolaires de Mathieu et des moyens à utiliser pour capter son attention; elle écrivit beaucoup plus souvent au tableau, donna de nombreux exemples et se déplaça souvent dans la classe pour soutenir son attention à partir de stimuli visuels et kinesthésiques, ce qui ne fut pas sans aider plusieurs autres élèves. Elle le comprenait mieux et ajustait ses demandes à ce qu'elle estimait pouvoir être réalisé par cet enfant, tant en classe que dans ses devoirs et leçons. Lorsqu'elle proposa aux élèves de faire une recherche sur un sujet de leur choix, elle lui accorda une période de temps supplémentaire pendant laquelle elle le prit à part pour le guider à chacune des étapes de son projet. Aussi, quand il avait un peu de temps libre en classe, elle l'encourageait à commencer certains devoirs afin qu'il consacre plus de temps à l'étude de ses leçons le soir à la maison.

Finalement, ses parents ont continué à lui consacrer beau-coup de temps, mais de façon bien différente. Aujourd'hui, ils partagent des activités intéressantes plutôt que de mettre toute leur énergie dans les travaux scolaires qui, bien souvent, se terminaient auparavant en bataille rangée. Chaque soir après les devoirs, son père travaille avec lui à la construction d'un modèle réduit. On a sorti différents jeux des placards et, une fois par semaine, toute la famille se retrouve ensemble, loin de l'ordinateur et de la télévision, pour faire un jeu de règle. Mathieu est devenu un as du *Monopoly* grâce au dialogue intérieur qui se met progressivement en place lorsqu'il plani-fie ses transactions de terrains et de bâtiments. En automobile, au cours de longs trajets, Mathieu propose lui-même les jeux que son orthopédagogue lui a suggérés. Alors qu'auparavant il détestait ces jeux de mémoire où les mots ont préséance, il a réussi à apprendre quelques stratégies pour mémoriser les objets que « sa tante apporte en partant en voyage » (voir page 174).

Il aime aussi particulièrement lire des blagues, puis les mémoriser à l'aide d'un petit film qui se déroule dans sa tête et les reprendre dans ses mots pour faire rire ses amis, ce qui était impossible pour lui auparavant. Mathieu s'est découvert certains talents parce qu'on lui a montré comment s'y prendre. Certains jeux ou activités lui paraissent encore fort ennuyeux parce que trop « statiques », mais son désintérêt est lié à ses goûts et à son tempérament plutôt qu'à ses mécanismes d'évitement qui, auparavant, lui faisaient fuir toute tâche demandant un effort mental.

Mathieu préfère encore la récréation et l'éducation physique aux heures de classe mais, du fait qu'il se sent plus souvent en position de réussir, il est moins malheureux à l'école et s'y engage maintenant plus activement. Il demeure sensible à l'échec, mais il est maintenant mieux équipé pour faire face aux demandes qui lui sont faites, d'où une amélioration notable de son rendement scolaire.

Il existe autant de solutions qu'il existe de problèmes. Rien ni personne n'étant parfait, les enfants en difficulté d'apprentissage gardent leur vulnérabilité et apprennent à compenser, au même titre que toute personne doit apprendre à vivre avec ce qu'elle est. L'histoire de Mathieu n'est qu'un exemple des aménagements qui peuvent et qui doivent être faits dans l'environnement de l'enfant pour lui permettre d'apprendre et de s'intéresser à l'école malgré ses difficultés.

CHAPITRE 7

QUESTIONS FRÉQUEMMENT POSÉES

▼

Question 1 : Que faire si mon enfant bâcle ses travaux pour aller regarder la télévision ou jouer à des jeux vidéos ?

Réponse : Prévoyez avec votre enfant un temps minimum pour les devoirs et les leçons, et demander à l'enfant de le respecter. Pour fixer cette période, renseignez-vous auprès de l'enseignant ; il connaît le temps que l'enfant doit consacrer chaque soir à ses travaux. Si l'enfant finit avant que la période prévue soit terminée, incitez-le à réviser son travail ou à faire un peu de lecture dans un livre de son choix. Enfin, en lui offrant un cadran grâce auquel il peut lui-même minuter cette période, les parents évitent de se faire demander aux cinq minutes si c'est terminé.

Question 2 : Dois-je tolérer que mon enfant fasse une partie de ses devoirs devant le téléviseur ?

Réponse : Non. Même si certains exercices peuvent se faire en dépit d'une source de distraction, l'enfant doit comprendre qu'il existe un temps pour chaque chose et que tout travail, même s'il est facile, mérite d'être bien fait. C'est là une valeur qui sera utile à l'enfant toute sa vie.

Question 3: Son professeur est reconnu pour donner beaucoup trop de devoirs, et mon enfant — comme ses compagnons — passe souvent de deux à trois heures par soir à les faire. Comment sortir de cette impasse?

Réponse: En discutant avec l'enseignant. Après une journée d'école, il est excessif de demander plus d'une heure par soir de travail à des enfants du primaire. Au-delà de cette limite, la qualité du travail en souffre. Il peut arriver que l'enfant ait plus de travaux qu'à l'habitude durant une période de l'année, mais cela doit rester une exception. Si l'enseignant prétexte que le programme est trop chargé et qu'il ne sera pas couvert sans cette mesure, c'est le signe qu'il a lui-même un problème d'organisation du temps. Les écoliers ne doivent pas avoir à l'assumer. Le regroupement des parents et le recours aux instances supérieures peuvent vous aider à faire valoir votre point de vue si l'enseignant refuse de chercher d'autres solutions. Le cas échéant, cette mesure servira à protéger tous les élèves de ce genre d'abus.

Question 4: L'enseignante demande régulièrement à mon fils de terminer le soir à la maison ce qu'il n'a pas fini dans la journée, en plus de ses devoirs. Est-ce normal?

Réponse: Certains enfants perdent tellement de temps en classe que les enseignants utilisent cette mesure pour les mettre devant les conséquences de leur passivité. Occasionnellement, si c'est une telle optique qui prévaut, cette mesure peut avoir sa raison d'être et permettre de remédier au problème. Encore faut-il connaître la cause de ces retards dans les travaux qui doivent être faits à l'école. L'enseignant a certainement un avis sur la question; il saura vous dire s'il y a lieu de consulter pour mieux comprendre ce qui se passe ou s'il ne s'agit là que d'une attitude qui pourrait être modifiée par une telle mesure, à la condition que l'enfant soit soutenu. Cette situation devrait donc être temporaire et occasionnelle. Si elle persiste et si l'enfant n'arrive pas à modifier son attitude, il faudra trouver des réponses plus claires que celles données par l'enseignant.

Question 5 : Les devoirs sont donnés le vendredi pour toute la semaine à venir. Est-il bon que mon enfant les fasse tous au cours du week-end pour s'en débarrasser ?

Réponse : Si tel est son choix, la réponse est oui, car ce type d'organisation allège la période des devoirs et leçons au cours de la semaine. Par contre, il s'agit d'être vigilant quant à l'étude des leçons qui, elles, doivent être révisées quand même au cours de la semaine afin d'être bien mémorisées pour le contrôle à venir.

Question 6 : Nous revenons de travailler à 18 heures et la course commence : le repas à préparer, les devoirs de la plus jeune qui est en première année, les bains, etc. Comment trouver du temps pour aider mon enfant qui est en quatrième année et qui réclame constamment ma présence ?

Réponse : En principe, à cet âge-là, l'enfant n'a pas besoin de la présence de ses parents pour faire ses travaux. Vous avez vos responsabilités et il a les siennes ; aidez-le à bien comprendre cet état de fait et à devenir plus autonome au plan scolaire. Cela vous permettra de partager un moment de loisir avec lui hors du terrain des devoirs et des leçons lorsque ceux-ci seront terminés. Faites comprendre à l'enfant qu'en assumant lui-même ses responsabilités, il vous permet de vaquer à vos occupations et d'être ainsi plus disponible avant qu'il aille dormir. Ne faites pas que promettre ; offrez-lui vraiment un moment bien à lui afin d'éviter que son attitude passive face à ses responsabilités scolaires ne serve à obtenir votre attention.

Question 7 : Les devoirs sont donnés le lundi pour la semaine et ma fille de cinquième année a des cours de piano le mardi soir ainsi que des cours de ballet le jeudi soir. De plus, elle ne veut pas commencer ses devoirs avant que je revienne de travailler « au cas où elle aurait besoin d'aide ». Comment l'aider à organiser ses devoirs sans lui retirer ses activités parascolaires qu'elle aime tant et sans qu'elle se sente trop dépassée par ses devoirs le lundi et le mercredi ?

Réponse : Malheureusement, il semble s'agir ici d'une mission impossible. On le sait tous, le temps n'est pas élastique, et cela nous oblige à choisir et à nous organiser. Quels sont les choix qui s'offrent à elle ? D'abord, si l'enseignante accepte de donner les devoirs le vendredi pour la semaine suivante, votre fille pourra s'avancer au cours du week-end. Sinon, elle peut ne garder qu'une activité parascolaire pendant la semaine et garder l'autre pour le samedi ou le dimanche, si possible. Enfin, la seule autre solution consiste à faire assumer ses choix à votre fille qui devra alors accepter de commencer ses travaux avant votre retour du travail si elle veut conserver ses deux activités parascolaires au cours de la semaine. Dans ce cas, elle devra garder ses questions pour le moment où vous serez disponible.

Question 8 : Mon fils a des difficultés d'apprentissage qui rendent ardue la période de devoirs et de leçons. Par contre, ma fille a toujours bien réussi à l'école et elle passe régulièrement des commentaires désobligeants sur son frère, ce qui le décourage et engendre de grandes tensions à la maison. Que puis-je faire ?

Réponse : Ne tolérez pas cette situation. Prenez le temps de discuter avec votre fille et faites-lui voir les différences individuelles qui sont bien présentes entre elle et son frère, comme entre chaque personne. Faites aussi valoir le fait qu'elle nuit grandement à son frère avec de tels commentaires, même si ce n'est pas là son but. En prenant le temps de nommer clairement les choses et de les expliquer, on évite souvent les affrontements. Enfin, faites connaître clairement à votre fille les limites que vous lui imposez à ce sujet et dites-lui qu'en cas de récidive, elle sera pénalisée. Pour aider vos deux enfants à éviter ce type de relation, offrez-leur si possible des lieux de travail distincts où chacun fera ses travaux loin du regard de l'autre.

Question 9 : Mon enfant omet très souvent de noter ce qu'il a à faire, si bien qu'on ne sait pas toujours quels sont ses devoirs et ses leçons. Comment réagir ?

Réponse : Discutez de cette question avec son enseignant, qui l'aidera à trouver des moyens efficaces de noter ce qu'il a à faire. Il pourrait s'agir d'un petit système d'abréviation ou de le jumeler avec un camarade de classe pour l'aider à remplir son agenda comme il se doit. Il existe nombre de formules pratiques pour que les enfants aient en main le programme des devoirs et des leçons clairement inscrit chaque soir à leur agenda ; nul doute que l'enseignant en possède quelques-unes.

Question 10 : Nous passons beaucoup de temps à faire nos devoirs et à étudier nos leçons. Comment se fait-il que mon fils réussit à orthographier très bien ses mots de vocabulaire le soir quand je l'aide, mais qu'il oublie tout quand c'est le temps de sa dictée ? Comment puis-je l'aider mieux ?

Réponse : On entend souvent ce type de remarques dans la bouche des parents qui en font beaucoup pour leur enfant. Le problème se situe bien souvent dans le « nos » (« nos » devoirs, « nos » leçons) qu'utilisent si spontanément les parents voulant trop accompagner leur enfant dans ses travaux. L'enfant est habitué de penser à deux, de travailler à deux, de se souvenir « à deux », et cela le paralyse quand il se retrouve seul devant sa feuille de contrôle. L'autonomie dans les devoirs, cela veut dire aussi une autonomie intellectuelle. En ce sens, les parents doivent apprendre à se séparer un peu de leurs enfants en les encourageant à penser par eux-mêmes, soit en évitant de trop le faire avec eux.

Question 11 : Les nouvelles méthodes pédagogiques, les nombreux congés des enseignants, la réforme ! Où va l'école d'aujourd'hui ? Je constate que tout ça ne rime à rien, car mon enfant déteste l'école et n'y apprend pas grand-chose. Il achève sa première année et il ne sait même pas réciter l'alphabet. Je pense sérieusement à le scolariser à la maison. Est-ce une solution ?

Réponse : Scolariser son enfant à la maison est une solution pour certains parents qui se sentent capables d'assumer cette tâche jusqu'au bout, mais il faut savoir que cela sort littéralement l'enfant de la vie collective. Cela l'éloigne de ses copains qui sont fort importants pour construire son sentiment d'appartenance. Ce choix s'inscrit dans les valeurs des parents, mais ceux-ci doivent être également sensibles aux besoins de socialisation de l'enfant. On peut opter pour cette solution en réaction à l'imperfection du système scolaire, mais on oublie que celui-ci apporte beaucoup à l'enfant malgré ses limites. On minimise souvent l'ampleur de la tâche que représente la scolarisation à la maison. Les parents peuvent penser qu'ils sont capables de faire mieux que l'école, mais là n'est pas la principale question à se poser. Les insatisfactions des parents par rapport à l'école sont souvent fondées, car l'école est imparfaite. Mais rien n'est parfait, ni l'école ni les parents ou la société dans laquelle l'enfant aura à vivre et à s'épanouir tôt ou tard. Les parents devront-ils protéger indéfiniment leur enfant contre certaines aberrations de tous les milieux dans lesquels il aura forcément à évoluer ? À moins de circonstances exceptionnelles, la solution au mécontentement des parents face à l'école ne nous semble pas résider dans l'évitement.

Question 12 : Devant une difficulté, mon enfant reste bloqué et attend mon aide sans rien tenter d'autre pour se débrouiller seul. Comme j'ai trois enfants d'âge scolaire, j'ai du mal, une fois le repas terminé, à répondre aux demandes de chacun. Comment l'encourager à devenir plus autonome ?

Réponse : Il faut proposer à son enfant de nouvelles sources d'aide : un ami à qui téléphoner pour demander des explications, un frère aîné qui peut à l'occasion lui donner un coup de main. Il est également possible de lui demander de garder sa question jusqu'à ce que vous soyez disponible ; de cette façon, il ne perdra pas de temps à vous attendre.

Question 13 : Mon enfant a des difficultés depuis son entrée à l'école. Cette année, il change d'école. Devrais-je prévenir son enseignante, lui expliquer les problèmes de mon fils avant le début de l'année et lui remettre aussi les rapports d'évaluation qui le concernent ? Son institutrice nous a même laissé son numéro de téléphone personnel pour que celui qui en aura la charge puisse la rejoindre facilement. Est-ce une bonne idée ?

Réponse : Non, à moins que cela soit absolument nécessaire. Laissez à la nouvelle enseignante le temps de se faire sa propre idée et donnez à l'enfant la chance de se faire une nouvelle image, au moins pendant les premiers jours dans sa nouvelle école. Les enseignants voient parfois ces interventions pro-actives des parents comme un manque de confiance à leur égard. Si les problèmes de l'enfant sont tels que son enseignante a besoin d'informations de base pour débuter l'année du bon pied, faites-lui part dans les grandes lignes de la situation de l'enfant tout en lui faisant connaître vos disponibilités pour une rencontre ultérieure ; dites-lui également que les rapports que vous avez en main sont à sa disposition dès qu'il ou elle en sentira le besoin.

Question 14 : La grand-mère de Patrick le reçoit trois soirs par semaine après l'école et c'est elle qui, ces jours-là, l'aide dans ses devoirs. Elle me sermonne sur mes façons de faire et, pour sa part, elle se montre envahissante avec lui, si bien qu'il est dépendant d'elle tout en étant souvent agacé du fait que sa grand-mère se mêle de ses travaux. Je lui demande de l'encourager à être plus autonome, mais elle est fermée à de telles méthodes éducatives. Comment lui faire comprendre qu'elle ne l'aide pas en l'aidant trop ?

Réponse : Il est bien pratique de faire garder ses enfants après l'école par grand-maman, mais il est essentiel de lui imposer vos propres limites. Si ses façons de faire vont à l'encontre de ce que vous jugez pertinent dans l'éducation de votre enfant, il faut tenir votre bout, quitte à lui demander de faire autre chose après l'école et de garder le moment des devoirs et des leçons pour la maison, sous votre supervision.

Question 15 : Notre garçon est en 6ᵉ année et nous désirons l'envoyer dans un collège privé. Les examens d'entrée qu'il devra passer nous inquiètent, étant donné qu'il n'a jamais très bien réussi à l'école. Son rendement scolaire se situe dans la moyenne. Quant à lui, il panique à l'idée de devoir passer ces examens, car il a peur de ne pas être accepté à l'école que son frère aîné fréquente déjà. Comment l'encourager et le préparer à ces examens ?

Réponse : Le choix de l'école secondaire constitue toujours un événement stressant pour les parents et leurs enfants, surtout lorsqu'il y a des examens d'admission à passer. Il y a plusieurs façons de se préparer à cette éventualité. Des parents peuvent choisir d'aider l'enfant à se préparer en lui faisant prendre des cours privés, car le stress que ces examens engendrent défavorise effectivement certains enfants. Il y a une autre façon qui consiste à inscrire l'enfant aux examens d'admission de une ou de deux autres écoles où l'enfant ne souhaite pas aller et de faire de ces examens une sorte de test préparatoire à celui de l'école choisie, le seul qui compte vraiment. Enfin, on peut aussi songer au secteur public où l'on trouve de plus en plus des programmes de concentration qui ont l'avantage de créer des « petites familles » d'élèves autour de champs d'intérêt particuliers, comme la musique ou le sport. Le fait d'avoir plus qu'une solution fait baisser le stress engendré par ces examens d'admission. En cas de refus, d'autres avenues restent possibles et sont aussi intéressantes, même si elles ne sont pas le premier choix de l'enfant ou du parent. De toute façon, si vous avez de telles ambitions pour votre enfant et qu'il les partage, avisez-le dès le début de sa cinquième année en lui expliquant qu'à partir de ce jour, ses résultats seront pris en compte pour toute demande d'admission dans un établissement privé du secondaire ; cela pourra le motiver tout au cours de l'année.

Question 16 : J'ai laissé mon enfant retourner à l'école avec des devoirs inachevés afin d'éviter que la maison ne devienne un champ de bataille et pour qu'il assume les conséquences de son « laisser-aller ». Qu'est-ce que l'enseignant va penser de moi comme parent ?

Réponse : Nombreux sont les parents qui ont peur que les enseignants portent un jugement sur leurs compétences parentales. Votre responsabilité consiste à aider votre enfant à s'organiser, à l'encourager à faire du mieux qu'il peut, à vous intéresser à ce qu'il apprend et vit à l'école, parfois même à lui donner quelques trucs pour qu'il s'y prenne mieux ; mais en aucune façon vous ne pouvez faire ses devoirs à sa place. Tout au long de cet ouvrage, nous vous avons mis en garde contre l'acharnement dont certains parents font preuve en voulant trop se mêler des travaux de leur enfant; cela a très souvent des répercussions sérieuses sur leurs relations et empêche les enfants de se prendre en main, tout en contribuant à perpétuer des problèmes existants. Il peut donc s'avérer judicieux d'informer l'enseignant de votre façon de faire et de le rassurer quant à votre intérêt pour la scolarité de votre enfant. Finalement, vous remettez à l'enfant sa responsabilité et vous l'épaulez du mieux que vous pouvez afin qu'il utilise tous les moyens que l'école lui procure. S'il ne se prend pas en main sur ce plan, qu'il en assume les conséquences! L'école, c'est son affaire. Vous devez agir de votre mieux pour l'accompagner, sans pour autant vous faire prendre en otage dans le sac d'école. Cela ne ferait que nuire à sa réussite et à vos relations familiales.

CONCLUSION

▼

Dans cet ouvrage, nous avons tenté de définir la place et le rôle que les parents ont avantage à prendre dans la vie scolaire de leur enfant. Se situant « autour » et non « dans » le sac d'école, les parents ont pour tâche de créer un climat propice aux apprentissages et d'utiliser des moyens concrets pour accompagner leur enfant dans sa démarche sans en abuser. Rester ni trop près, ni trop loin ; voilà l'équilibre vers lequel il faut tendre comme parents, dans le domaine scolaire comme partout ailleurs quand il est question de permettre à un enfant de grandir dans un climat propice à son plein épanouissement. Bien que cet équilibre soit encore plus difficile à tenir quand l'enfant présente des difficultés particulières à l'école, il n'en demeure pas moins pertinent.

La tâche des parents est complémentaire à celle de l'enseignant. Toutefois, ils ne doivent en aucun cas se substituer à lui. L'écolier a autant besoin de bons enseignants que de parents capables de l'épauler et d'enrichir sa démarche en la prolongeant dans la vie quotidienne.

La règle d'or à observer dans l'éducation des enfants sera toujours celle du juste milieu, du « ni trop, ni trop peu ». En ce sens, les parents doivent guider et encadrer leur enfant sans chercher à trop en faire pour lui et sans non plus laisser aller. Cela signifie qu'ils doivent parfois exiger de leur enfant qu'il agisse selon les valeurs auxquelles ils adhèrent ; mais cela ne peut se faire que dans le seul domaine des études parce que, dans ces conditions, l'enfant proteste habituellement par une baisse de motivation scolaire, l'école devenant l'affaire du parent et trop peu la sienne.

Le moteur de l'apprentissage réside dans la motivation qui repose elle-même sur le plaisir ressenti et la curiosité spontanée. L'école, c'est l'affaire de l'enfant et personne ne parviendra à forcer sa motivation s'il ne trouve pas lui-même sa place à l'école. Ainsi, les parents accomplissent vraiment leur tâche d'éducateurs en mettant en place les meilleures conditions possibles pour que cette envie d'apprendre de l'enfant reste bien présente et soit nourrie constamment. C'est à eux, en complétant ce qui se fait à l'école, qu'il appartient de l'aider à s'engager pleinement dans sa vie scolaire, à se responsabiliser face à ses études, à favoriser chez lui le développement d'attitudes favorables aux apprentissages et l'utilisation de moyens efficaces pour bien apprendre, et finalement à demeurer constamment en éveil face à tout ce que peut lui procurer son environnement.

Les parents doivent prêter une grande attention à leur relation avec l'enfant dans tout ce qui concerne la vie scolaire, mais ils doivent aussi apprendre à faire confiance. Aider l'enfant à créer des liens, tant sur le plan relationnel que sur le plan des connaissances, c'est le soutenir dans son désir d'apprivoiser le monde et de l'intégrer à sa propre réalité.

C'est aussi l'aider à s'adapter et apprendre à vivre en société, et donc à y trouver une place satisfaisante afin qu'il puisse s'épanouir comme personne avec tout le bagage accumulé au fil des années. Bonne route à tous les parents qui déjà font face à la musique avec tout ce qu'ils peuvent donner de mieux !

QUELQUES PHRASES POUR RÉPÉTER, RIRE ET S'AMUSER

▼

En complément à la section concernant les habiletés verbales.

- Cinq chiens chassent six chats.
- Six petites truites cuites, six petites truites crues.
- Qu'a bu l'âne au quai ? Au quai, l'âne a bu l'eau.
- Trois tortues trottaient sur un trottoir très étroit.
- Seize jacinthes sèchent dans seize sachets secs.
- Un chasseur sachant chasser sur ses échasses chasse sans son chien de chasse.
- Des blancs pains, des bancs peints, des bains pleins.
- Je veux et j'exige ; j'exige et je veux.
- Sachez, mon cher Sacha, que Natacha n'attacha pas son chat !
- Papier, panier, piano (à répéter plusieurs fois).
- La robe rouge de Rosalie est ravissante.
- Fruits frais, fruits frits, fruits cuits, fruits crus.
- Trois tortues têtues trottent en trottinette.
- Bonjour Madame Sans Souci.

- Combien sont ces six saucissons-ci et combien sont ces six saucissons-là ? Six sous, Madame, sont ces six saucissons-ci et six sous aussi sont ces six saucissons-là !

- Gisèle songe à la chimie.

- La chemise du chimiste sèche.

- Les chaussettes de l'archiduchesse sont-elles sèches ou archi-sèches ?

- Des billes, des balles, des boules, des quilles (à répéter plusieurs fois).

- Un beau gros bras blanc.

- Gros-gras-grand grain d'orge, tout gros-gras-grand grain d'orgerisé, quand te dé-gros-gras-grand grain-d'orgeriseras-tu ? Je me dé-gros-gras-grand grain-d'orgeriserai quand tous les gros-gras-grands grains d'orge se seront dé-gros-gras-grand-grain-d'orgerisés.

- Buvons un coup ma serpette est perdue
  Mais le manche, mais le manche
  Buvons un coup ma serpette est perdue
  Mais le manche est revenu.
  (à répéter en transformant toutes les voyelles en « a » puis en « e », « i », et même en « oi », ce qui donne par exemple :

  Boivois'oi quoi moi soirpoitoi poirdoi
  Moi loi moichoi moi loi moichoi
  Boivois'oi quoi moi soirpoitoi poirdoi
  Moi loi moichoi roivoinoi !

Ressources

▼

Livres pour les parents

BÉDARD, Jean-Luc, Gilles GAGNON, Luc LACROIX et Fernand PELLERIN. *Les styles d'apprentissage: modèle d'apprentissage et d'intervention psychopédagogique*. Victoriaville: Psychocognition BGLP, 2003.

BÉLIVEAU, Marie-Claude. *J'ai mal à l'école : troubles affectifs et difficultés scolaires*. Montréal: Éditions de l'Hôpital Sainte-Justine, 2002. 168 p. (Collection de l'Hôpital Sainte-Justine pour les parents)

BOURQUE, Jean et Robert DARCHE. *Les devoirs et les leçons à la maison: mission possible!* Laval: Services Éducatifs sur la Réussite Scolaire (S.E.R.S.), 2000. 24 p. (Cahier de stratégies à l'intention des parents)

DARVEAU, Paul et Rolland VIAU. *La motivation des enfants: le rôle des parents.* Saint-Laurent (Québec): ERPI, 1997. 132 p. (L'école en mouvement)

DE LA GARANDERIE, Antoine et Daniel ARQUIÉ. *Réussir ça s'apprend: un guide pour les parents*. Paris: Bayard Éditions, 1999. 198 p.

DESAULNIERS, Diane. *Des devoirs sans problèmes: guide pratique à l'intention des parents.* Vanier (Ontario): Centre franco-ontarien de ressources pédagogiques, 1997. 74 p.

DUCLOS, Germain. *Guider mon enfant dans sa vie scolaire.* Montréal: Éditions de l'Hôpital Sainte-Justine, 2001. 238 p. (Collection de l'Hôpital Sainte-Justine pour les parents)

MEIRIEU, Philippe. *Les devoirs à la maison : parents, enfants, enseignants, pour en finir avec ce casse-tête.* Paris : Syros, 2000. 140 p. (École et société)

SAUVÉ, Colette. *Apprivoiser l'hyperactivité et le déficit de l'attention.* Montréal : Éditions de l'Hôpital Sainte-Justine, 2000. 88 p. (Collection de l'Hôpital Sainte-Justine pour les parents)

Livres pour les enfants

DE SAINT MARS, Dominique. *Max et Lili ne font pas leurs devoirs.* Fribourg : Calligram, 2002. 45 p. (Max et Lili)

DEMERS, Dominique. *La nouvelle maîtresse.* Boucherville : Québec /Amérique jeunesse, 1994. 97 p. (Bilbo jeunesse)

GERVAIS, Jean. *L'ami de Dominique n'aime pas l'école.* Montréal : Boréal jeunesse, 1989. 43 p.

Pef. *L'ivre de français.* Paris : Gallimard, 1998. 48 p. (Collection Folio-Cadet)

Pef. *Le livre de nattes.* Paris : Gallimard, 1998. 47 p. (Collection Folio-Cadet)

PETIT, Richard. *Le prof cannibale.* Paris : Les Presses d'or, 1999. 114 p. (Collection Passepeur)

REBERG, Evelyne et Gérard FRANQUIN. *Bouboul Maboul.* Paris : Bayard, 1997. 43 p. (J'aime lire)

Les livres de la collection « Aventures à lire » aux Éditions Retz, Paris :

– pour enrichir son vocabulaire : « *L'île aux yeux d'or* »

– pour progresser en vocabulaire : « *L'oncle Vocabulo* »

– pour progresser en orthographe : « *La maison mystérieuse* »

– aussi : « *Mathématix Parc* », « *La reine des ombres* », « *Gram'air ou le voyage merveilleux* ».

Sites Internet pour les parents

Association québécoise pour les troubles d'apprentissage (AQETA)
www.aqeta.qc.ca

As-tu fait tes devoirs?
Coup de pouce
www.coupdepouce.com/coupdepouce/client/fr/MIEUX_VIVR
E/DetailNouvelle.asp?idNews=1470&bSearch=True

BouScol: propositions d'activités pédagogiques
Commission scolaire de la région de Sherbrooke
http://station05.qc.ca/csrs/BouScol

Comment accompagner votre enfant dans ses travaux scolaires?
Amiweb
www.midmultimedia.com/parents/fr/educ.htm

Conseils de pros à l'heure des devoirs
PetitMonde
www.petitmonde.com/iDoc/Article.asp?id=22021

Le rôle des parents dans les devoirs et les leçons à la maison
Fédération des comités de parents du Québec
www.fcppq.qc.ca/form_perf/aide_parents/2000/2000_12.htm

Les devoirs: 3 problèmes et leurs solutions
PetitMonde
www.petitmonde.com/iDoc/Article.asp?id=9557

Regroupement des associations de parents PANDA du Québec
www.associationpanda.qc.ca

Sites Internet pour les enfants

Allô prof! Une équipe d'enseignants à ton service...
www.alloprof.qc.ca

Cyberpapy: soutien scolaire entre générations!
www.cyberpapy.com

Je réussis ! : le site de de la réussite scolaire et de l'aide au devoirs au Québec
www.jereussis.com

L'escale : site éducatif pour les jeunes de 4 à 12 ans
www.lescale.net

Momes.Net : le site de la communcauté internationale de jeunes francophones
www.momes.net

ONF – Jeunesse
www.onf.ca/jeunesse

Aider à prévenir le suicide chez les jeunes
Un livre pour les parents

Michèle Lambin

Reconnaître les indices symptomatiques, comprendre ce qui se passe et contribuer efficacement à la prévention du suicide chez les jeunes.
ISBN 2-922770-71-0   2004/272 p.

L'allaitement maternel

*Comité pour la promotion
de l'allaitement maternel de l'Hôpital Sainte-Justine*

Le lait maternel est le meilleur aliment pour le bébé. Tous les conseils pratiques pour faire de l'allaitement une expérience réussie! (2e édition)
ISBN 2-922770-57-5   2002/104 p.

Apprivoiser l'hyperactivité et le déficit de l'attention

Colette Sauvé

Une gamme de moyens d'action dynamiques pour aider l'enfant hyperactif à s'épanouir dans sa famille et à l'école.
ISBN 2-921858-86-X   2000/96 p.

Au-delà de la déficience physique ou intellectuelle
Un enfant à découvrir

Francine Ferland

Comment ne pas laisser la déficience prendre toute la place dans la vie familiale? Comment favoriser le développement de cet enfant et découvrir le plaisir avec lui?
ISBN 2-922770-09-5   2001/232 p.

Au fil des jours... après l'accouchement

L'équipe de périnatalité de l'Hôpital Sainte-Justine

Un guide précieux pour répondre aux questions pratiques de la nouvelle accouchée et de sa famille durant les premiers mois suivant l'arrivée de bébé.
ISBN 2-922770-18-4   2001/96 p.

En forme après bébé
Exercices et conseils
Chantale Dumoulin

Des exercices et des conseils judicieux pour aider la nouvelle maman à renforcer ses muscles et à retrouver une bonne posture.
ISBN 2-921858-79-7   2000/128 p.

En forme en attendant bébé
Exercices et conseils
Chantale Dumoulin

Des exercices et des conseils pratiques pour garder votre forme pendant la grossesse et pour vous préparer à la période postnatale.
ISBN 2-921858-97-5   2001/112 p.

L'enfant adopté dans le monde
(en quinze chapitres et demi)
Jean-François Chicoine, Patricia Germain et Johanne Lemieux

Un ouvrage complet traitant des multiples aspects de ce vaste sujet: l'abandon, le processus d'adoption, les particularités ethniques, le bilan de santé, les troubles de développement, l'adaptation, l'identité…
ISBN 2-922770-56-7   2003/480 p.

L'enfant malade
Répercussions et espoirs
Johanne Boivin, Sylvain Palardy et Geneviève Tellier

Des témoignages et des pistes de réflexion pour mettre du baume sur cette cicatrice intérieure laissée en nous par la maladie de l'enfant.
ISBN 2-921858-96-7   2000/96 p.

L'estime de soi des adolescents
Germain Duclos, Danielle Laporte et Jacques Ross

Comment faire vivre un sentiment de confiance à son adolescent? Comment l'aider à se connaître? Comment le guider dans la découverte de stratégies menant au succès?
ISBN 2-922770-42-7   2002/96 p.

L'estime de soi des 6 - 12 ans

Danielle Laporte et Lise Sévigny

Une démarche simple pour apprendre à connaître son enfant et reconnaître ses forces et ses qualités, l'aider à s'intégrer et lui faire vivre des succès.

ISBN 2-922770-44-3   2002/112 p.

L'estime de soi, un passeport pour la vie

Germain Duclos

Pour développer des attitudes éducatives positives qui aideront l'enfant à acquérir une meilleure connaissance de sa valeur personnelle. (2ᵉ édition)

ISBN 2-922770-87-7   2004/248 p.

Et si on jouait ?
Le jeu chez l'enfant de la naissance à six ans

Francine Ferland

Les différents aspects du jeu présentés aux parents et aux intervenants: information détaillée, nombreuses suggestions de matériel et d'activités.

ISBN 2-922770-36-2   2002/184 p.

Être parent, une affaire de cœur I

Danielle Laporte

Des textes pleins de sensibilité, qui invitent chaque parent à découvrir son enfant et à le soutenir dans son développement.

ISBN 2-921858-74-6   1999/144 p.

Être parent, une affaire de cœur II

Danielle Laporte

Une série de portraits saisissants: l'enfant timide, agressif, solitaire, fugueur, déprimé, etc.

ISBN 2-922770-05-2   2000/136 p.

Famille, qu'apportes-tu à l'enfant?

Michel Lemay

Une réflexion approfondie sur les fonctions de chaque protagoniste de la famille, père, mère, enfant... et les différentes situations familiales.

ISBN 2-922770-11-7   2001/216 p.

La famille recomposée
Une famille composée sur un air différent

Marie-Christine Saint-Jacques et Claudine Parent

Comment vivre ce grand défi? Le point de vue des adultes (parents, beaux-parents, conjoints) et des enfants impliqués dans cette nouvelle union.

ISBN 2-922770-33-8   2002/144 p.

Favoriser l'estime de soi des 0 - 6 ans

Danielle Laporte

Comment amener le tout-petit à se sentir en sécurité ? Comment l'aider à développer son identité? Comment le guider pour qu'il connaisse des réussites ?

ISBN 2-922770-43-5   2002/112 p.

Grands-parents aujourd'hui
Plaisirs et pièges

Francine Ferland

Les caractéristiques des grands-parents du 21e siècle, leur influence, les pièges qui les guettent, les moyens de les éviter, mais surtout les occasions de plaisirs qu'ils peuvent multiplier avec leurs petits-enfants.

ISBN 2-922770-60-5   2003/152 p.

Guider mon enfant dans sa vie scolaire

Germain Duclos

Des réponses aux questions les plus importantes et les plus fréquentes que les parents posent à propos de la vie scolaire de leur enfant.

ISBN 2-922770-21-4   2001/248 p.

J'ai mal à l'école
Troubles affectifs et difficultés scolaires
Marie-Claude Béliveau

Cet ouvrage illustre des problématiques scolaires liées à l'affectivité de l'enfant. Il propose aux parents des pistes pour aider leur enfant à mieux vivre l'école.

ISBN 2-922770-46-X   2002/168 p.

Les maladies neuromusculaires chez l'enfant et l'adolescent
Sous la direction de Michel Vanasse, Hélène Paré,
Yves Brousseau et Sylvie D'Arcy

Les informations médicales de pointe et les différentes approches de réadaptation propres à chacune des maladies neuromusculaires.

ISBN 2-922770-88-5   2004/376 p.

Le nouveau Guide Info-Parents
Michèle Gagnon, Louise Jolin et Louis-Luc Lecompte

Voici, en un seul volume, une nouvelle édition revue et augmentée des trois Guides Info-Parents: 200 sujets annotés.

ISBN 2-922770-70-2   2003/464 p.

Parents d'ados
De la tolérance nécessaire à la nécessité d'intervenir
Céline Boisvert

Pour aider les parents à départager le comportement normal du pathologique et les orienter vers les meilleures stratégies.

ISBN 2-922770-69-9   2003/216 p.

Les parents se séparent...
Pour mieux vivre la crise et aider son enfant
Richard Cloutier, Lorraine Filion et Harry Timmermans

Pour aider les parents en voie de rupture ou déjà séparés à garder espoir et mettre le cap sur la recherche de solutions.

ISBN 2-922770-12-5   2001/164 p.

La scoliose
Se préparer à la chirurgie
Julie Joncas et collaborateurs

Dans un style simple et clair, voici réunis tous les renseignements utiles sur la scoliose et les différentes étapes de la chirurgie correctrice.
ISBN 2-921858-85-1   2000/96 p.

Le séjour de mon enfant à l'hôpital
Isabelle Amyot, Anne-Claude Bernard-Bonnin, Isabelle Papineau

Comment faire de l'hospitalisation de l'enfant une expérience positive et familiariser les parents avec les différences facettes que comporte cette expérience.
ISBN 2-922770-84-2   2004/120 p.

Les troubles anxieux expliqués aux parents
Chantal Baron

Quelles sont les causes de ces maladies et que faire pour aider ceux qui en souffrent? Comment les déceler et réagir le plus tôt possible?
ISBN 2-922770-25-7   2001/88 p.

Les troubles d'apprentissage : comprendre et intervenir
Denise Destrempes-Marquez et Louise Lafleur

Un guide qui fournira aux parents des moyens concrets et réalistes pour mieux jouer leur rôle auprès de l'enfant ayant des difficultés d'apprentissage.
ISBN 2-921858-66-5   1999/128 p.